Valentina Camerini

LAS HISTORIAS MÁS BELLAS DE MUJERES VALIENTES

ILUSTRACIONES DE
Veronica Carratello

GRIBAUDO

Amelia Earhart

Fechas
24 de julio de 1897,
2 de julio de 1937

Lugar de nacimiento
Atchison, Kansas,
Estados Unidos

Quién era
Aviadora, aventurera,
defensora de los derechos
de las mujeres

Ha pasado a la historia por…

En los cielos de principios del siglo pasado, una serie de valientes pilotos hicieron volar los primeros aviones. Eran considerados aventureros heroicos dotados de una enorme valentía, y todos eran hombres. Hasta que la joven Amelia Earhart decidió que quería volar. Cruzó el océano a bordo de su pequeño aeroplano, sola, demostrando que no hay nada que una chica no pueda hacer.

Sin miedo a volar

Una noche de mayo del lejano 1932, un pequeño avión sobrevoló el océano Atlántico. Lo pilotaba una mujer, sola. Llevaba ya muchas horas al mando del aparato y el cansancio empezaba a hacer mella. Con la mirada fija en el horizonte, esperaba ver aparecer la tierra a lo lejos. Había salido de Newfoundland, la última región occidental de Canadá, con destino a París. Todavía quedaban muchos kilómetros por delante, cuando el altímetro de a bordo dejó de funcionar. Las agujas empezaron a girar sobre sí mismas enloquecidas: era imposible calcular la distancia del suelo. Las alas se cubrieron peligrosamente de hielo. La primavera ya había brotado en ambas orillas del océano, pero allá arriba, en pleno vuelo, el aire era gélido. A pesar de ello, la joven piloto no se desanimó: sujetó fuertemente sus manos a la barra de mando y siguió volando.

El viento empezó a soplar con violencia, zarandeando el pequeño aeroplano, al que le costaba volar entre los oscuros nubarrones del cielo. Abajo, las olas se alzaban amenazadoras. Mantener el rumbo en medio de aquella tormenta era cada vez más complicado. El carburante en el pequeño depósito del avión apenas alcanzaba para completar la travesía, no se había podido llenar más. Volver atrás podía convertirse en una operación todavía más peligrosa. «¡Es mejor continuar!», decidió la joven piloto. El pequeño Lockheed-Vega, pues, se dirigió hacia el este y entonces penetró en un banco de niebla. Pero por fin, al amanecer, apareció en el horizonte una extensión de prados verdes: ¡era Irlanda!

Amelia pensó que llegar hasta Francia sería demasiado peligroso, así que buscó un lugar donde aterrizar. Lentamente, el avión fue perdiendo altura, planeando sobre la campiña, hasta que sus ruedas tocaron tierra haciendo huir a un rebaño de ovejas. Por la puertecilla asomó una maraña de cabellos claros y dos ojos vivaces tras unas gafas de aviador. «¿Y usted de dónde viene?», preguntó incrédulo un pastor. «¡Soy Amelia Earhart y vengo de América!», respondió la muchacha sonriendo. Tenía motivos de sobra para sentirse feliz. Acababa de llevar a cabo una hazaña histórica: era la primera vez que una mujer cruzaba volando, en solitario, el océano Atlántico.

Aquella increíble travesía convirtió a Amelia en una leyenda: recibió homenajes en Irlanda y en Estados Unidos, ocupó la portada de los periódicos más importantes e incluso el presidente norteamericano la felicitó por su valentía. Todos querían saludar a la heroica y valiente piloto, y la gente acudía para verla y aplaudirle. A Amelia Earhart, sin embargo, no le interesaban ni la gloria ni la popularidad. Había querido demostrar que una chica podía afrontar cualquier reto, incluso un peligroso vuelo a través del océano. Pero, ahora, era más importante seguir volando, reanudar el viaje y emprender nuevas aventuras… Ella tenía una idea en su mente. Quería dar una vuelta completa al mundo, volando por la ruta más larga, la que pasaba cerca del Ecuador. Era un proyecto ambicioso; para llevarlo a cabo se requería un gran esfuerzo e invertir mucho dinero, y para ello Amelia decidió aprovechar la fama conseguida con sus primeros vuelos. Diseñó hasta el mínimo detalle un nuevo avión, más resistente y fiable que aquellos con los que había volado hasta entonces y estudió la mejor ruta. Despegó de California e hizo etapa en Florida. Volvió a partir para Sudamérica, sobrevoló el océano Atlántico y llegó a África. Voló sobre el océano Índico y finalmente aterrizó en Nueva Guinea. Todo el mundo siguió el increíble viaje de Amelia Earhart con el corazón en un puño. Solo el inabarcable océano Pacífico separaba el bimotor Lockheed-Electra L10 de California.

En la medianoche del 2 de julio de 1937, el cielo estaba despejado y el depósito del pequeño monoplano lleno. Amelia tomó asiento en la cabina, encendió el motor y emprendió el vuelo de regreso a casa. A poco más de 4.000 kilómetros de distancia se hallaba Howland, un islote en el Pacífico no más largo que una pista de aterrizaje, en donde debía detenerse para repostar. Para encontrar aquel minúsculo pedazo de tierra, la piloto disponía de los instrumentos de a bordo y de una radio. Voló hasta las cercanías de aquel lugar, pero debajo de sí solo distinguía agua. El Lockheed-Electra L10 emitió un mensaje: «Deberíamos estar encima de vosotros, pero no logramos veros». Después, el contacto radiofónico se perdió. El bimotor no aterrizó nunca, las misiones de auxilio que se enviaron fueron inútiles. Amelia Earhart desapareció misteriosamente, pero su ejemplo permaneció y su valentía pasó a la historia. En una época en que las mujeres podían hacer muchas menos cosas que los hombres, Amelia había demostrado que los sueños de una muchacha pueden volar tan alto como los de cualquiera.

Lady Diana Spencer

Fechas
1 de julio de 1961,
31 de agosto de 1997

Lugar de nacimiento
Sandringham, en Norfolk, Inglaterra

Quién era
Princesa de Gales y madre del futuro rey del Reino Unido

Ha pasado a la historia por...

Durante muchos siglos, todo lo que ocurría en los castillos de los reyes y reinas era un secreto. Los nobles también discutían, sufrían y tenían momentos tristes, pero cuando aparecían en público debían sonreír como si nada les hubiera pasado. La situación cambió cuando Diana Spencer se casó con el futuro rey de Inglaterra: ella comenzó a explicar lo que sentía de verdad, mostrando así que reyes y reinas son personas como las demás y conquistando los corazones de los súbditos de su país.

La princesa triste

Había una vez, no hace tanto tiempo, una princesa llamada Diana. Viajaba en avión, usaba móvil y disfrutaba de todas las comodidades modernas, aunque su vida se parecía a la de las protagonistas de los cuentos. Se había casado con el futuro rey de Inglaterra, vivía en un gran castillo con cientos de habitaciones y muebles antiguos, tomaba el té con la reina y había tenido dos niños, los pequeños príncipes William y Harry. Sin embargo, no era feliz. Amaba a su marido, pero él no le correspondía. Los usos y costumbres de la corte obligaban a Diana a no hablar con nadie de sus propios sentimientos. En palacio debía fingir que la vida siempre era tranquila, tenía que sonreír y esconder todo lo que pudiera causar un escándalo en los periódicos. Y esto la hacía sufrir todavía más.

Diana no gozaba del amor de su esposo, el príncipe Carlos, pero era muy querida por sus súbditos: los ingleses la veneraban. Era encantadora y generosa, mucho más popular que él. Nunca se mostraba altiva y parecía interesarse de corazón por las personas más pobres y desdichadas. Se dedicaba con entrega a obras de beneficencia y a todos los compromisos oficiales, los viajes y los discursos que ocupaban su día a día. Se mantenía junto a Carlos, se esforzaba por sonreír y nunca se lamentaba del exceso de trabajo.

Pero los súbditos habían advertido que algo no iba bien y mostraban preocupación por su princesa: el país observaba a Diana para ver si adelgazaba demasiado o si tenía un aspecto desmejorado, y estudiaba cada una de sus expresiones. La gente deseaba saberlo todo de ella. Los periódicos que publicaban las fotos de los reyes en las portadas se vendían como rosquillas, y los periodistas ingleses competían entre ellos para ver quién obtenía sus mejores imágenes. Trataban de descubrir cualquier secreto de la princesa, y si no existían se los inventaban. Querían explicar su vida, saber qué ocurría tras las puertas del palacio, qué desayunaba, si se había peleado con el príncipe, dónde pasaría las vacaciones… Los *paparazzi* la seguían por todas partes sin dar tregua y en todo el reino no se hablaba de otra cosa que de Diana.

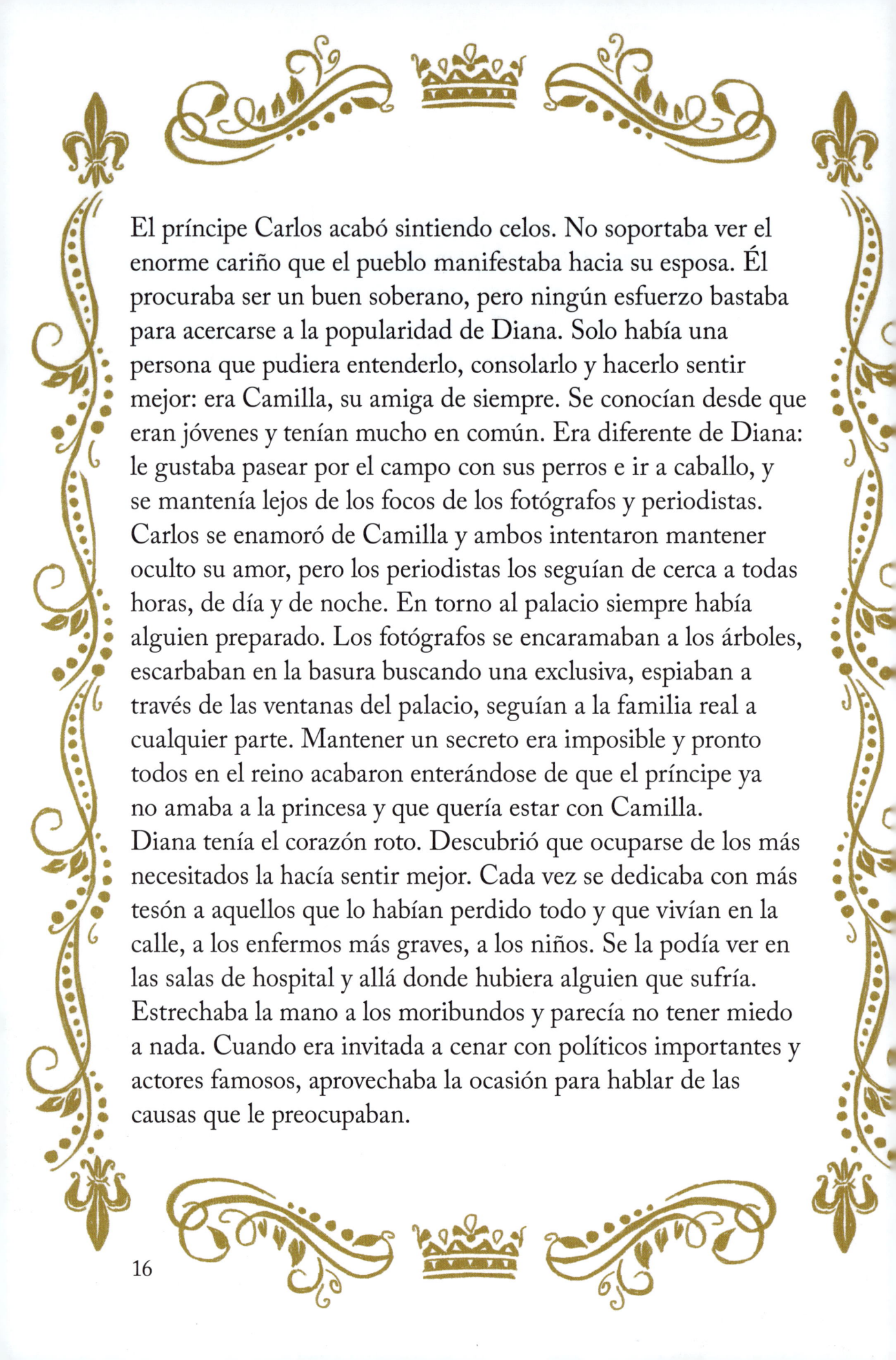

El príncipe Carlos acabó sintiendo celos. No soportaba ver el enorme cariño que el pueblo manifestaba hacia su esposa. Él procuraba ser un buen soberano, pero ningún esfuerzo bastaba para acercarse a la popularidad de Diana. Solo había una persona que pudiera entenderlo, consolarlo y hacerlo sentir mejor: era Camilla, su amiga de siempre. Se conocían desde que eran jóvenes y tenían mucho en común. Era diferente de Diana: le gustaba pasear por el campo con sus perros e ir a caballo, y se mantenía lejos de los focos de los fotógrafos y periodistas. Carlos se enamoró de Camilla y ambos intentaron mantener oculto su amor, pero los periodistas los seguían de cerca a todas horas, de día y de noche. En torno al palacio siempre había alguien preparado. Los fotógrafos se encaramaban a los árboles, escarbaban en la basura buscando una exclusiva, espiaban a través de las ventanas del palacio, seguían a la familia real a cualquier parte. Mantener un secreto era imposible y pronto todos en el reino acabaron enterándose de que el príncipe ya no amaba a la princesa y que quería estar con Camilla.
Diana tenía el corazón roto. Descubrió que ocuparse de los más necesitados la hacía sentir mejor. Cada vez se dedicaba con más tesón a aquellos que lo habían perdido todo y que vivían en la calle, a los enfermos más graves, a los niños. Se la podía ver en las salas de hospital y allá donde hubiera alguien que sufría. Estrechaba la mano a los moribundos y parecía no tener miedo a nada. Cuando era invitada a cenar con políticos importantes y actores famosos, aprovechaba la ocasión para hablar de las causas que le preocupaban.

Mientras tanto, el príncipe cada vez estaba más enamorado de Camilla. Los chismorreos y las fotos llenaban las páginas de las revistas, y Diana sufría. En palacio, los consejeros del rey sugerían callar y fingir que no había pasado nada. Los reyes tenían que aparentar ser personas diferentes y su vida tenía que parecer perfecta. Pero mentir no era propio del carácter de Diana y, por otra parte, los periodistas no daban tregua. De modo que ella decidió dar a conocer a todo el mundo lo que sentía, para evitar que los periódicos siguieran publicando historias inventadas. Sin decir nada a la reina, invitó a palacio a un periodista que siempre se había portado bien con ella y aceptó responder a cualquiera de sus preguntas. Lo contó todo: la decepción amorosa y lo infeliz que era. Explicó que la vida de una princesa solo parecía un cuento si se veía desde fuera: participar en cenas con personas importantes que lucían elegantes vestidos de noche era hermoso, pero ver a todo un país debatiendo sobre la propia vida privada podía ser terriblemente agotador. Fue una revolución: por primera vez, una princesa estaba dispuesta a contar la verdad.

Abriendo su corazón, Diana conquistó definitivamente el cariño de los ingleses, pero irritó mucho a Carlos. El príncipe estaba furioso, se sentía traicionado. En palacio ya no quedaba ni un ápice de amor, y la princesa triste tomó una decisión muy difícil: divorciarse. La familia real mostraba un gran apego a las tradiciones, y que el futuro rey pudiera separarse era un verdadero escándalo. Durante meses los periódicos no hablaron de otra cosa, pero Diana sabía que había tomado la decisión adecuada: no podía seguir siendo la esposa de un hombre que amaba a otra mujer, ni siquiera si ello significaba no llegar a ser reina algún día.

Tener que enfrentarse a momentos difíciles enseñó a la princesa Diana a entender el dolor ajeno. Así que después de abandonar el palacio se dedicó cada vez más a la beneficencia. Iba a los hospitales y leía cuentos a los niños enfermos, ayudó a una organización que trabajaba para proporcionar casa a los sin techo y voló hasta África para andar por terrenos donde los soldados habían escondido minas antipersona en tiempos de guerra. Los periodistas la seguían allá donde iba, pero Diana trataba de conseguir que toda la atención que suscitaba su presencia sirviera para algo bueno. Así, a pesar de haber abandonado al príncipe y saber que ya nunca sería reina, el cariño del pueblo siguió creciendo gracias a su generosidad. Cuando murió en un accidente de coche en París, una noche de finales de agosto, el mundo entero lloró por ella. Millones de personas acudieron a su funeral y rodearon el palacio de flores. El país se vistió de luto. Diana se había alejado de la familia real, pero con su valentía y su generosidad habían conquistado a los ingleses y habían demostrado que la verdadera nobleza consiste en tener un gran corazón. Nunca llevaría la corona de reina, pero consiguió un título más importante: ser «la princesa del pueblo».

Artemisia Gentileschi

Fechas
8 de julio de 1593,
31 de enero de 1654

Lugar de nacimiento
Roma, Italia

Quién era
Pintora y artista

Ha pasado a la historia por...

En el siglo XVII, el arte era un asunto de hombres, había muy pocas artistas y de las mujeres se esperaba que se casaran y se dedicaran a la familia. Artemisia Gentileschi, sin embargo, se convirtió en pintora. Tenía un enorme talento, pero también un gran coraje: se atrevió a denunciar los desmanes de su maestro y lo llevó ante un juez para obtener justicia.

Sola contra todos

En un taller de Roma, un pintor daba los últimos retoques a su tela. Cerca de él, su hija preparaba los colores al óleo. Ponía los cinco sentidos en no equivocarse y, al mismo tiempo, trataba de no perderse ni un solo movimiento de la mano de su padre. El pintor se llamaba Orazio Gentileschi y la pequeña era su hija Artemisia. Desde que quedó huérfana de madre, Artemisia había tenido que ocuparse de la casa y de sus cinco hermanos. Corría el año 1605, y en aquellos tiempos lo que se esperaba de una joven de doce años era que se hiciera cargo de la familia.

Aunque sus jornadas estaban llenas de obligaciones, Artemisia siempre encontraba tiempo para entrar en el estudio de su padre y echar una ojeada a los cuadros en los que trabajaba. Le gustaba sentir el olor del óleo y escuchar las charlas de pintores y amigos artistas. El interés de Artemisia por la pintura no pasó inadvertido, y Orazio permitió a su primogénita que le ayudara en el taller. Al principio se trataba únicamente de tareas sencillas, pero la muchacha era cuidadosa y aplicada, aprendía rápido y demostraba tener un gran talento.
En la Roma de entonces, la pintura era un oficio de hombres. Pero Orazio Gentileschi animó a Artemisia y le enseñó el oficio.

Pasaron los años, Artemisia se convirtió en una joven mujer y llegó un día en que su padre ya no tuvo nada más que enseñarle: «Si de verdad quieres ser pintora, necesitas a un maestro».
«¡Seguiré estudiando!», dijo ella con determinación.
«Entonces pediré a mi amigo Agostino que te admita en su taller.»
Agostino Tassi era un pintor famoso por su destreza. Los personajes que representaba en sus cuadros parecían cobrar vida y los nobles de la ciudad le encargaban obras. Pero además de pintar, sus manos también eran capaces de vilezas terribles. Agostino perdía la calma con facilidad, gastaba más de lo que ganaba y se rumoreaba que había matado a un hombre con el que había discutido.
Orazio lo conocía desde hacía años y había oído lo que la gente decía, pero lo consideraba un amigo y confiaba en él…

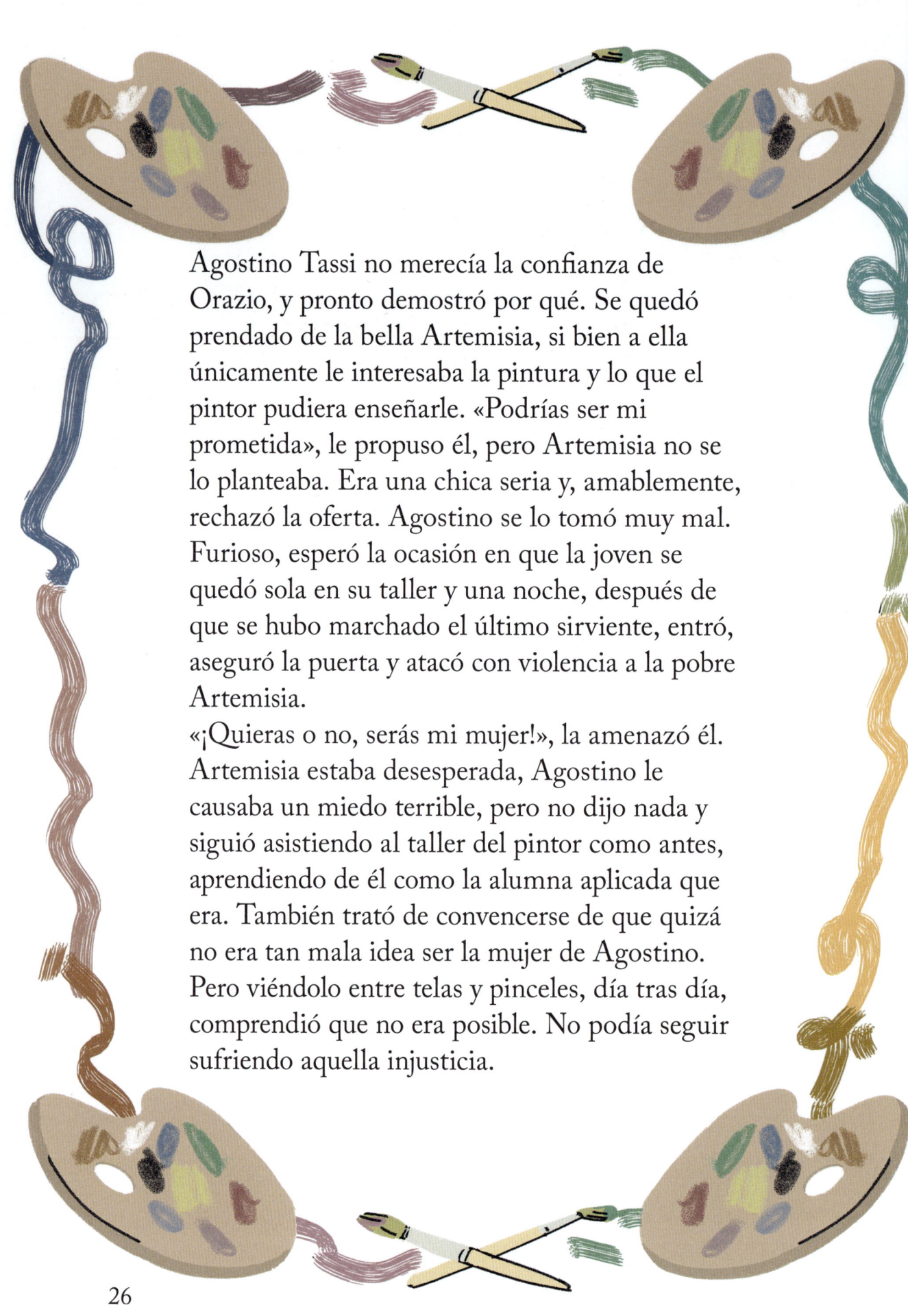

Agostino Tassi no merecía la confianza de Orazio, y pronto demostró por qué. Se quedó prendado de la bella Artemisia, si bien a ella únicamente le interesaba la pintura y lo que el pintor pudiera enseñarle. «Podrías ser mi prometida», le propuso él, pero Artemisia no se lo planteaba. Era una chica seria y, amablemente, rechazó la oferta. Agostino se lo tomó muy mal. Furioso, esperó la ocasión en que la joven se quedó sola en su taller y una noche, después de que se hubo marchado el último sirviente, entró, aseguró la puerta y atacó con violencia a la pobre Artemisia.

«¡Quieras o no, serás mi mujer!», la amenazó él. Artemisia estaba desesperada, Agostino le causaba un miedo terrible, pero no dijo nada y siguió asistiendo al taller del pintor como antes, aprendiendo de él como la alumna aplicada que era. También trató de convencerse de que quizá no era tan mala idea ser la mujer de Agostino. Pero viéndolo entre telas y pinceles, día tras día, comprendió que no era posible. No podía seguir sufriendo aquella injusticia.

Así pues, Artemisia denunció los abusos de Agostino ante un juez. Todo el mundo en la ciudad sabía qué tipo de hombre era, pero nadie salió en defensa de la joven pintora. Alguno incluso se burló de ella, otros dijeron que exageraba y que en el fondo Tasso no había hecho nada malo. Algunos poetas escribieron textos horribles para reírse de ella, y los jueces la humillaron pidiéndole que detallara todo lo que le había hecho aquel hombre. Finalmente, el proceso acabó con una sentencia que condenaba a Agostino a abandonar Roma. Con gran sufrimiento Artemisia había obtenido justicia, pero había tenido que soportar momentos terribles. Obró como la gran artista que era: volcó todo el dolor que tenía dentro en los cuadros que pintó y lo transformó en arte. Entre sus dedos, los pinceles lograron hacer revivir en el lienzo a las más famosas y legendarias heroínas del pasado con una fuerza única, como nadie antes lo había hecho. Las pinturas de Artemisia todavía hoy son objeto de admiración, así como la valentía que demostró.

MALALA

Fechas
12 de julio de 1997

Lugar de nacimiento
Mingora, Pakistán

Quién es
Ganadora del premio Nobel de la Paz, activista por el derecho a la educación

Ha pasado a la historia por...

El Pakistán donde vivía Malala era un país en guerra, en el que la vida era difícil para todos y los talibanes imponían sus ideas por medio de la violencia. A pesar de ello, la joven Malala decidió no resignarse y luchar por sus propios derechos. Lo hizo con tal valentía, que llamó la atención del mundo entero y ganó por ello el premio Nobel de la Paz.

El país sin escuela

En el remoto valle de Swat, en Pakistán, existe un pueblo llamado Mingora donde vivía una niña de nombre Malala. En aquel lugar del mundo la vida es muy diferente a como la conocemos nosotros, porque la guerra lo hace todo muy difícil. Los niños como Malala han aprendido a no dar nada por seguro. Los soldados pueden llegar de repente y arrebatarte aquello que más quieres. Puede ocurrir que un amigo tuyo decida huir a una ciudad más segura, que un disparo de artillería derribe tu casa o que tu escuela tenga que cerrar por una ley especial.

Y esto último es lo que pasó. Las vacaciones de invierno se acercaban, pero nadie lo celebraba, porque el director no había sabido explicar cuándo reabriría la escuela. Algunos decían que permanecería cerrada para siempre porque los talibanes pensaban que las niñas no tenían derecho a aprender nada. Los talibanes eran hombres convencidos de conocer la voluntad de Dios y estaban determinados a imponer sus ideas en el país. Odiaban todo aquello que pudiera desviar a la gente de la fe, que por desgracia casi siempre era lo que más felices les hacía: la música, los juegos en la calle, los libros.

Sobre todo los libros: para los talibanes estudiar cualquier tema que no fuera religioso era una vergüenza inaceptable. Solo había una cosa que todavía odiaban más que los libros: a las niñas que iban a la escuela, como Malala… Los talibanes eran soldados expertos y despiadados y estaban conquistando con rapidez el valle de Swat. Malala a menudo se pasaba las noches despierta, escuchando el ruido de la artillería. La guerra le daba miedo, pero también le aterrorizaba pensar en la paz, si ganaban los talibanes. Una pequeña luz de esperanza se encendió cuando se reabrió la escuela. Pero alguien advirtió:
«No llevéis uniforme, o llamaréis la atención de los soldados».
«Pronto los profesores acabarán en prisión…», dijo otro.
Las clases se reanudaron, hasta aquel triste día en que llegó la nueva ley: las niñas ya no podían ir a la escuela. Malala lloró pensando en que aquello era una gran injusticia. Entonces cogió el ordenador y se puso a hacer lo que los talibanes le querían impedir: escribir. Habló de lo que estaba sucediendo en su ciudad, de las escuelas destruidas por las bombas, del miedo a que la vieran por la calle con los libros y la mochila, de la guerra… Sus palabras fueron publicadas en una web de la BBC, una de las cadenas de televisión más importantes del mundo. Ningún periodista había sido capaz de describir tan bien lo que estaba sucediendo en Pakistán. El testimonio de Malala conmocionó a miles de personas. La niña a la que los talibanes habían impedido ir a la escuela se hizo famosa.

Y Malala no se rindió, siguió asistiendo a las clases entre mil y un peligros y dificultades. Pero los talibanes eran tipos despiadados y no podían perdonar su osadía y determinación. Unos años después de su conmovedor relato del valle de Swat en guerra, un día un hombre se aproximó al grupito de chicas que esperaba para subirse al autobús que las llevaría de vuelta a casa de la escuela. «¿Quién es Malala?», preguntó, y una manita señaló a la niña sentada en el fondo. El hombre sacó una pistola del bolsillo y disparó. El estruendo del disparo se mezcló con los gritos de pánico y las salpicaduras de sangre. Malala había sido alcanzada en la cabeza, yacía en el suelo, desvanecida. Se la llevaron a un hospital pakistaní en estado grave, solo las mejores técnicas médicas podían salvarle la vida. La noticia del atentado se difundió pronto, y el mundo entero condenó la vil y cobarde acción del hombre que había disparado la pistola para truncar los sueños de una muchacha que solo pretendía estudiar. Afortunadamente, un hospital inglés se ofreció para curar a Malala, que voló lejos de la guerra, hasta un moderno quirófano donde un equipo de médicos le prometió que volvería a ser la misma de antes.

La curación no fue fácil, ni rápida. Malala se pasó meses en el hospital, pero al final se recuperó. Ya podía volver a la escuela, pero no al valle de Swat. Allí ahora mandaban los talibanes. Mientras tanto, la historia de la muchacha que luchaba por ir a la escuela ya había salido en los más importantes periódicos del mundo. En 2014, Malala se convirtió en la ganadora más joven del prestigioso premio Nobel de la Paz, por el importante mensaje que propugnaba. «Los proyectiles nunca me van a detener», dijo para explicar que no tenía intención de dejar de estudiar. Todo lo contrario, ahora tenía un nuevo objetivo: luchar para garantizar el derecho a la educación de todas las niñas, tanto en su país como en el mundo entero. La Universidad de Oxford le brindó la posibilidad de seguir estudiando en Inglaterra. Malala, a raíz del disparo de aquel talibán, pudo tener acceso a una educación que nunca hubiera podido soñar cuando, siendo niña, habló sobre el miedo de vivir en guerra. Y un día, muchos años después de haber partido, un avión llevó a Malala de nuevo a Mingora, donde había dejado a los amigos y a los compañeros de escuela. Regresó para alentar a las niñas de su país a luchar por sus derechos. El primero de todos, tener un aula donde poder estudiar.

Helen Keller

Fechas
27 de junio de 1880,
1 de junio de 1968

Lugar de nacimiento
Tuscumbia, Alabama, Estados Unidos

Quién era
Escritora, estudiosa, activista política

Ha pasado a la historia por...

En los Estados Unidos de finales del siglo XIX, la vida para los que nacían con una discapacidad era difícil; con frecuencia solo podían contar con la propia familia. Helen Keller era sorda y ciega, pero tuvo la gran suerte de conocer a una profesora especial, que la ayudó a salir de la prisión de soledad en la que estaba encerrada. Helen dedicó el resto de su vida a defender los derechos de las personas discapacitadas, y cautivó al mundo con su historia personal.

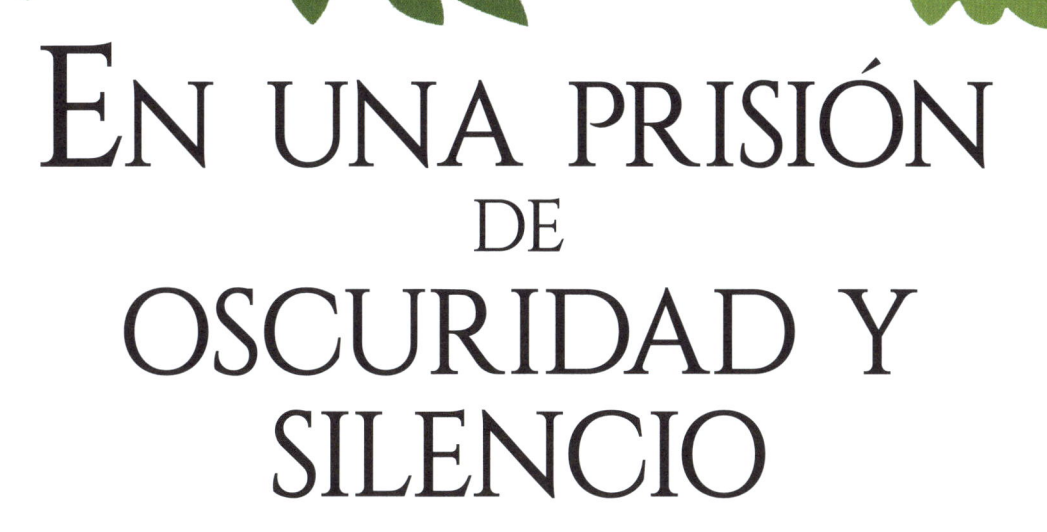

En una prisión de oscuridad y silencio

En una gran finca al sur de Estados Unidos, en Alabama, vivía el capitán Arthur H. Keller con su mujer Kate. Tenían una niña llamada Helen, alegre y despierta. Desde su nacimiento había demostrado interés y curiosidad por todo lo que la rodeaba. La vida en aquella gran casa fue plácida y feliz hasta el día en que, de repente, la pequeña enfermó. La fiebre le subía y su frente ardía. Kate y Arthur llamaron a los mejores médicos de la ciudad, pero en aquel lejano 1882 la medicina todavía no podía hacer gran cosa contra las enfermedades más graves.

La niña perdió el conocimiento, la cuidaron con amor y poco a poco se recuperó. Parecía estar mejor pero, una vez completamente curada, Arthur y Kate hicieron un terrible descubrimiento: su pequeña, que no tenía ni dos años, se había quedado sorda y ciega. Aquella misteriosa enfermedad recluía a la pequeña Helen en una prisión de oscuridad y silencio. A pesar de estar rodeada del amor y de las atenciones de la familia, su vida era difícil. Pronto olvidó las pocas palabras que había aprendido, y sus padres se resignaron a no oírla hablar nunca más. Al crecer, Helen fue comprendiendo que podía expresarse por medio de gestos. Los primeros fueron simples y servían para hacer frente a las necesidades cotidianas, pero con el paso de los años Helen fue inventando otros nuevos. Se pasaba los días con Martha, la hija de la cocinera de la casa de los Keller, que interpretaba magistralmente los movimientos de sus manos y la ayudaba a sentirse menos sola. Cuando Helen cumplió siete años, conocía decenas de ademanes para comunicarse con su familia. Pero mamá Kate no se conformaba, estaba decidida a dar a su hija una sólida educación.

41

Arthur y Kate Keller leían todo lo que caía en sus manos sobre el tema, enviaban cartas para mantener contacto con médicos y personas que compartían su experiencia, buscaban constantemente informaciones útiles para mejorar la vida de su hija. Realizaron largos y agotadores viajes para que Helen pudiera ser visitada por los mejores doctores, hasta que recalaron en Baltimore, donde trabajaba un especialista que había tratado a muchos pacientes sordos. El doctor no podía curar a Helen, pero les habló del Instituto Perkins, una escuela especial creada para niños discapacitados. Kate escribió inmediatamente al director, y la escuela propuso enviar a casa de los Keller a una joven recién graduada. Se llamaba Anne Sullivan, tenía veinte años y de pequeña había sufrido una infección en los ojos que la había dejado casi ciega.
Anne llegó a casa de los Keller y empezó a ocuparse de la educación de Helen. Los métodos que conocía no funcionaban con su nueva alumna, pero Anne no se desanimó: inventó un nuevo sistema para enseñarle a pronunciar los sonidos de las palabras, poniendo las manos de Helen en su boca mientras hablaba. Al principio tampoco funcionó, porque Helen no entendía lo que significaban aquellos movimientos. Un día Anne puso las manos de Helen bajo un grifo abierto y la niña exclamó: «¡Agua!». De pronto había recordado una de las pocas palabras que había aprendido antes de caer enferma. ¡Había comprendido lo que trataba de explicarle su profesora!

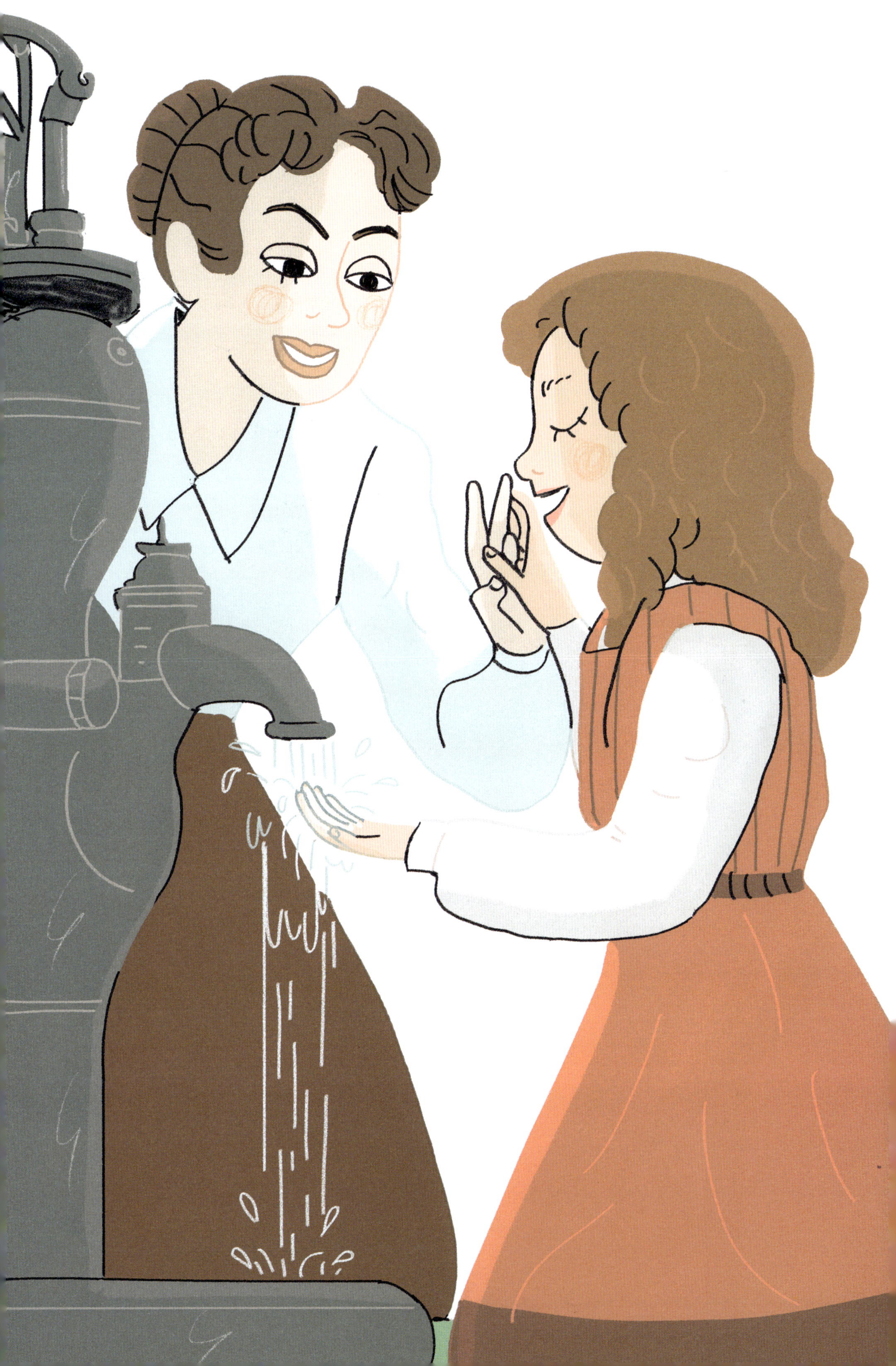

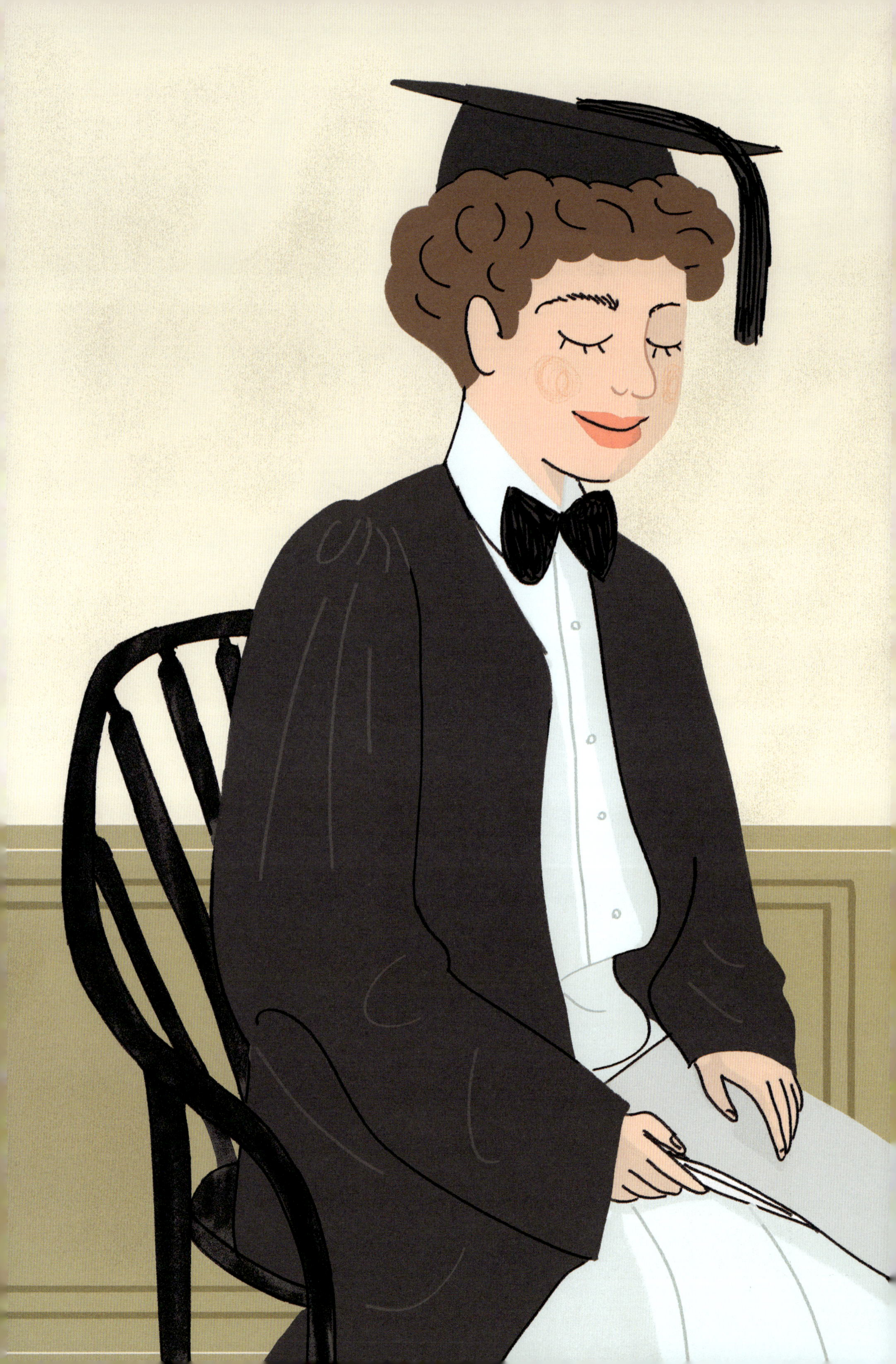

Desde aquel momento todo cambió: cada día Helen aprendía a pronunciar nuevas palabras y Anne le enseñaba lo que significaban. Ahora podía decir «muñeca», llamar a los miembros de su familia, decirles si se sentía feliz o estaba enfadada. Anne había liberado a Helen de la prisión en que la enfermedad la había encerrado. Aun así, Helen no se conformaba con poder comunicarse con el mundo, deseaba ir a la escuela. Acompañada de Anne, se matriculó en el Instituto Perkins, pero todavía no era suficiente para ella. Aprendió a leer el alfabeto Braille y fue aceptada en el prestigioso instituto de Radcliffe, donde se licenció con muy buenas notas. Anne permaneció a su lado durante toda la vida, como amiga y profesora. Helen escribió varios libros para explicar su propia experiencia, viajó por todo el país para dar conferencias y hablar de la vida de quienes sufren alguna discapacidad. Entabló amistad con escritores famosos y con algunos presidentes del país. Nunca dejó de estudiar ni de luchar para que todos —incluso aquellos que como ella no veían ni oían— tuvieran las mismas oportunidades, pudieran ir a la escuela y seguir una vida digna.

Ella Fitzgerald

Fechas
25 de abril de 1917,
15 de junio de 1996

Lugar de nacimiento
Newport News, Virginia,
Estados Unidos

Quién era
Cantante de jazz

Ha pasado a la historia por...

Ella Fitzgerald nació en 1917 en el seno de una familia pobre, y todo parecía indicar que su vida estaría marcada por las dificultades y la adversidad. Era casi una niña cuando se vio obligada a pedir limosna por la calle, sola. Pero afortunadamente Ella tenía un gran talento para cantar. Fue su voz la que la salvó y la convirtió en una de las más famosas cantantes de jazz de la historia.

Nada como la música

En una pequeña habitación de un viejo edificio, en un barrio pobre al norte de Nueva York, vivía una niña con su madre y su padrastro. No hacía mucho que se habían trasladado desde Virginia, un estado del sur donde la vida de las personas de color era peligrosa y difícil. Los señores Fitzgerald esperaban encontrar allí un trabajo mejor y un futuro más digno.

La niña iba a la escuela del barrio y ponía mucho empeño en estudiar. Cuando terminaba los deberes y cerraba los libros se dedicaba a su pasión: la música. En aquellos tiempos, escuchar las canciones de los cantantes más famosos no era tan fácil como hoy: solo las familias más acomodadas podían permitirse comprar una radio, y las personas como los Fitzgerald no podían siquiera soñar con asistir a las salas de conciertos. Cuando tenía muchas ganas de escuchar música, Ella actuaba para los amigos y los compañeros de colegio. Tenía una voz maravillosa, con la que lograba expresar todas las emociones. Cuando cantaba, las calles de su barrio desaparecían, y con ellas los problemas de su familia, el dinero que nunca alcanzaba y los sacrificios de sus padres para poder llegar a fin de mes. La muchacha no tenía dinero para comprar la entrada de ninguno de los muchos conciertos que cada noche tenían lugar en Nueva York, pero podía oír tocar en directo cada domingo en la iglesia. Los coros que entonaban los cantos religiosos, el poderoso órgano, las notas que resonaban en la nave del templo, todo la cautivaba. Se sentaba, cerraba los ojos y escuchaba. Era una niña tímida, no se atrevía a decir abiertamente que un día le gustaría ser cantante. Su madre le habría puesto los pies sobre la tierra: «Una carrera en el mundo del espectáculo es prácticamente imposible para ti», le hubiera dicho. Aquel mundo de lentejuelas y elegantes vestidos no era el suyo. Ella era Ella Fitzgerald, y le estaba reservado un futuro similar al de sus padres: trabajo y mucho esfuerzo para ganarse el pan. Ella, sin embargo, no dejaba de soñar...

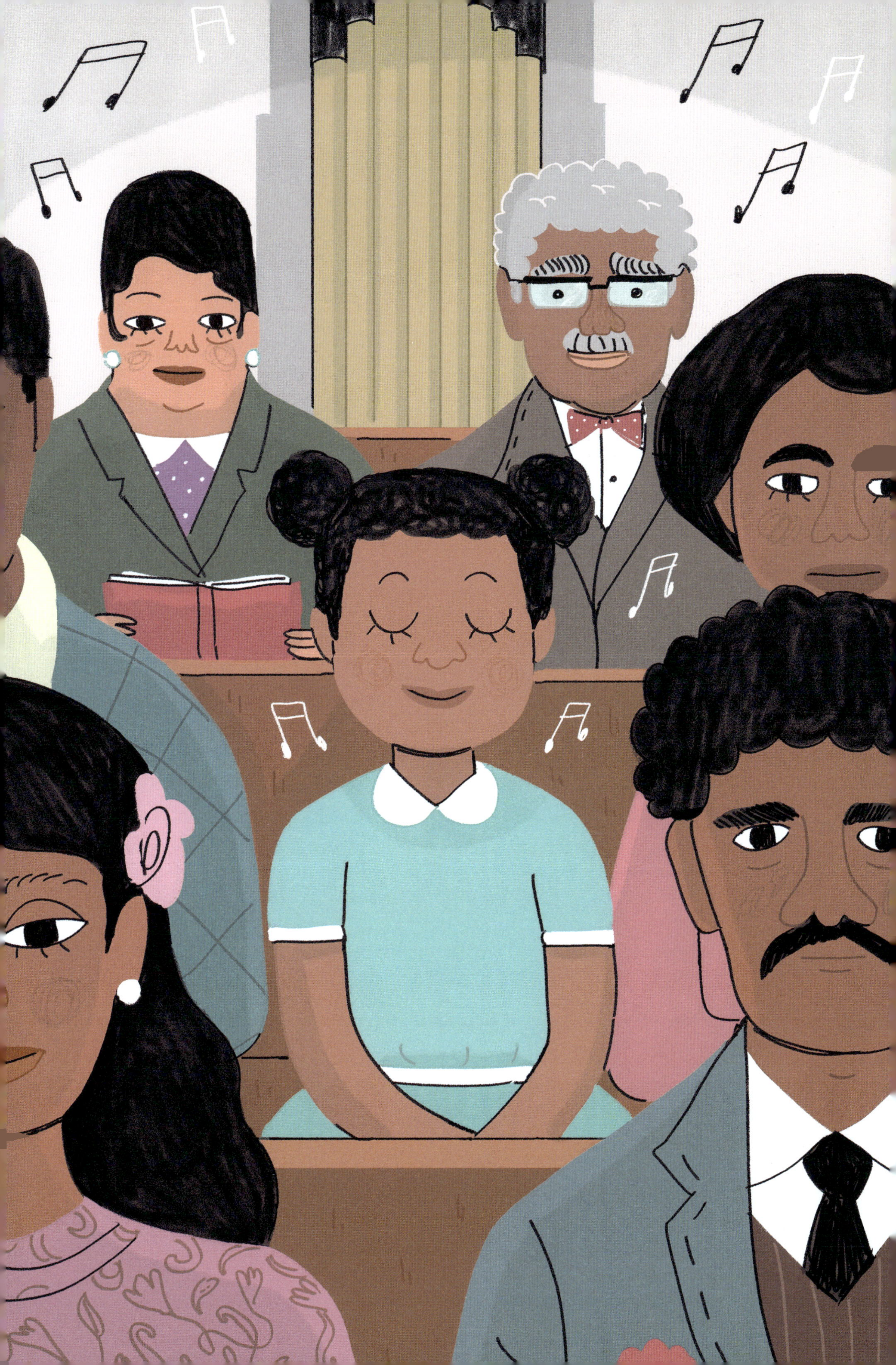

Con todo, el destino que aguardaba a los Fitzgerald era muy diferente del que Ella imaginaba. Un aciago día, su madre Tempie fue atropellada por un coche mientras regresaba a casa del trabajo. Sufrió heridas muy graves y al cabo de poco murió. La muchacha solo tenía quince años y todavía iba a la escuela del barrio, de modo que continuó viviendo en el viejo pisito con su padrastro. Pero pronto se dio cuenta de que no era el lugar más apropiado, porque aquel hombre se volvió violento y malo. Ella se mudó a vivir a casa de una tía en Harlem, otro barrio de Nueva York. De repente la vida de antes, que sin duda no había sido fácil, le pareció feliz y maravillosa. Echaba de menos a su madre Tempie, a los amigos de otros tiempos y aquellos domingos en la iglesia escuchando música.

Empezó a saltarse las clases. En lugar de entrar en la escuela, deambulaba por las calles de la ciudad. Trató de reunir algo de dinero realizando trabajos de poca monta, pero terminó conociendo a criminales y a personas sin escrúpulos, dispuestas a aprovecharse de una joven huérfana. Ella se metió en líos y acabó en la comisaría de policía. «Te llevaremos a un orfanato, donde estarás mejor que en casa de tu tía», le dijo un policía. Le prometió que cuidarían de ella y la muchacha decidió confiar en él.

El orfanato estaba repleto de niños y era un lugar triste, ni de lejos parecía una casa en donde vivir. Y en aquel sitio nadie se interesaba por ella. Entonces decidió huir y volvió a las calles de Nueva York. No sabía dónde dormir ni tenía a nadie que cuidase de ella. Por las noches buscaba un callejón oscuro en el que esconderse. Para ganar algo de dinero y comprar comida cantaba en las aceras más concurridas. Lo había perdido todo, pero nadie podía arrebatarle su increíble voz.

Al vagar por las calles de Harlem muchas veces había pasado por delante del teatro Apollo. En la fachada resaltaban unos enormes rótulos rojos, visibles desde el final de la manzana, y algunas vallas publicitarias anunciaban los conciertos del programa. A menudo se detenía a leer los nombres de los artistas que actuarían en aquel escenario, casi todos afroamericanos como ella. Un día frío de finales de noviembre le llamó la atención un cartel: anunciaba la Amateur Night, una velada en la que podían actuar jóvenes talentos. Ella sabía perfectamente que nunca tendría suficiente dinero para sentarse en la platea y escuchar un concierto, ¡pero nadie se merecía tanto como ella subir al escenario y cantar!

APOLLO
DUKE ELLINGTON & BAND
GEOFFREY HOLDER DANCERS
CAVALIERS JACKIE MABLEY
LAST
NIGHT 940
APOLLO
AMATEUR NIGHT!

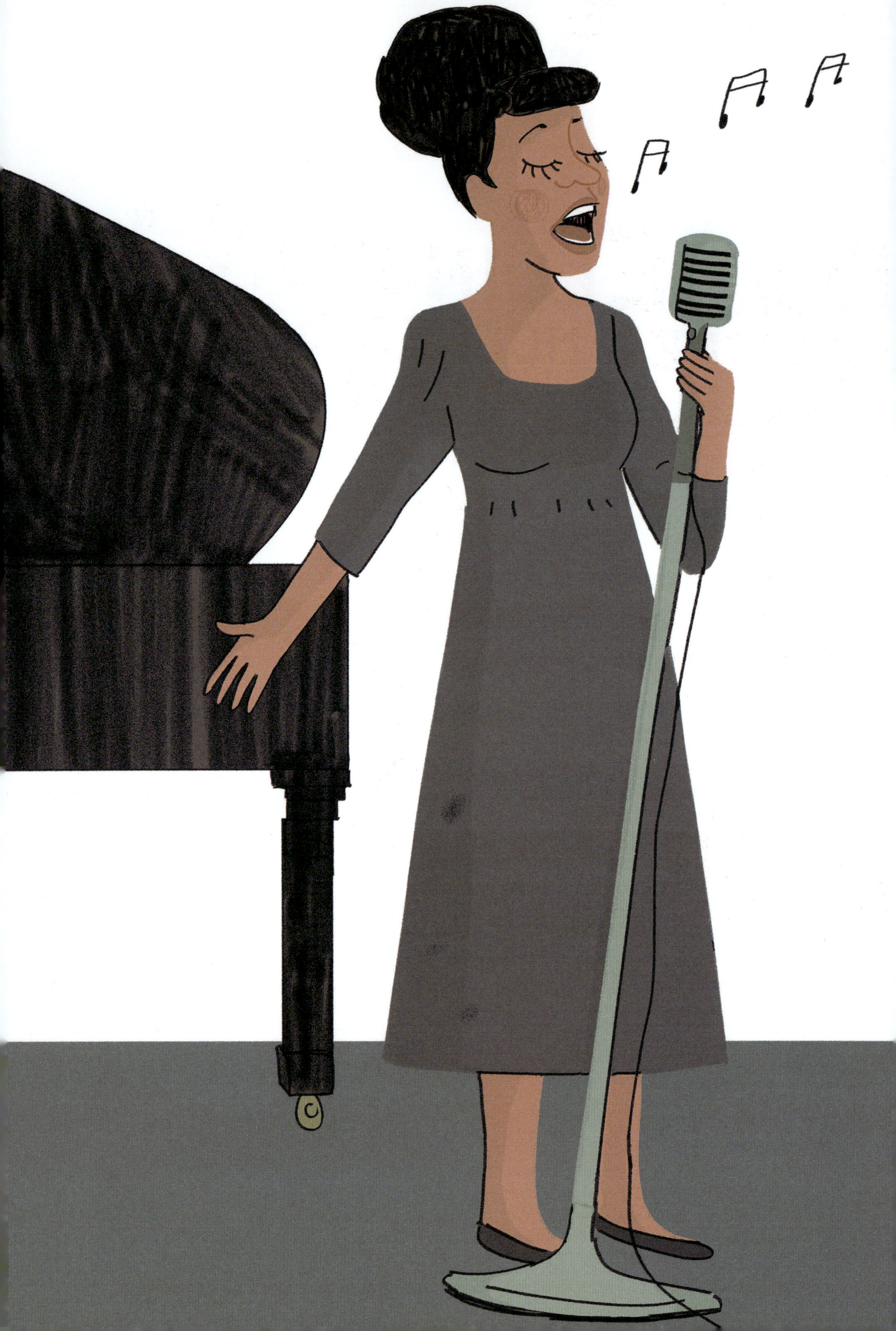

Y así fue como se inscribió y llegó la gran noche. Esperó su turno con paciencia, en compañía de un grupo de jóvenes artistas. Vivía en la calle, y no era difícil darse cuenta de ello: vestía humildemente y llevaba el pelo enredado y recogido de cualquier manera. No tenía ningún traje elegante para la ocasión ni tampoco zapatos de tacón. Sin embargo, cuando subió al escenario y empezó a cantar, nadie reparó ya en ello. Con su voz conquistó los corazones del público e hizo olvidar el resto. Ella ganó el concurso y unos meses después volvería de nuevo al escenario, con un micrófono en la mano. Esta vez, entre bastidores estaba Chick Webb, un músico que tenía una banda y buscaba a una cantante: al escuchar cantar a Ella decidió darle una oportunidad. Con la orquesta de Chick, Ella grabó más de cien canciones y logró situarse en cabeza de las listas de éxitos y demostrar que un gran talento es más fuerte que cualquier adversidad. La vida en la calle, la pobreza y la miseria se convirtieron en recuerdos lejanos; Ella nunca quiso hablar de ello, ni siquiera cuando se hizo famosa. Prefería dar protagonismo a la música, que le había permitido cumplir aquel sueño que parecía imposible cuando, siendo niña, cantaba para los amigos de su barrio.

Isabel de Castilla

Fechas
22 de abril de 1451,
26 de noviembre de 1504

Lugar de nacimiento
Madrigal de las Altas Torres, en Ávila, España

Quién era
Reina de Castilla

Ha pasado a la historia por…

En la Europa de siglos pasados, la labor de los reyes no era sencilla: había que hacer frente a guerras, a enemigos en la corte, complacer a los nobles y mantener al pueblo contento. Isabel de Castilla demostró tener un gran talento al llevar las riendas de la corona. Tenía las ideas claras y sabía cómo ponerlas en práctica. Se dice que de no ser por ella España hoy sería un país muy distinto.

La reina que soñó con un nuevo país

En la corte castellana, Enrique IV no parecía un buen rey. Los nobles españoles no lo respetaban y en la corte se extendían los rumores de que la reina Juana, su esposa, se había enamorado del duque Beltrán de la Cueva. Mientras el reino se sumía en el caos, la hermana de Enrique cada día estaba más preocupada. Isabel era joven, pero había advertido los errores cometidos y cada vez veía más claro cómo debía reinar un buen soberano. Llegó a convencerse de que ella sería mucho mejor que Enrique. Con gran determinación y audacia, empezó a dar los pasos necesarios para alcanzar la corona y convertir a Castilla en el gran y próspero reino que proyectaba.

Comenzó su andadura desobedeciendo al rey y casándose en secreto con Fernando, el hombre al que amaba, soberano del gran reino de Aragón. Antes de la ceremonia firmó un acuerdo con su futuro marido para dejar las cosas claras: la pretensión de Isabel no se limitaba a sentarse en el trono, ella quería reinar en Castilla. Aquella decisión impresionó a los nobles, y cuando en 1474 Enrique IV falleció, Isabel fue proclamada reina. Juana, la hija del rey, creía tener más derechos que su hermana, pero ella no se amilanó: aunque su ejército era más pequeño, emprendió una guerra contra la princesa y sus partidarios, y acabó convenciendo a nobles y religiosos para que le diesen su apoyo. Luchó durante cinco años hasta derrotar al enemigo. Finalmente, como reina ya incuestionable, gobernaría sobre el enorme territorio de Castilla.

Isabel y Fernando eran católicos y fieles devotos de la Iglesia. Estaban convencidos de que para obtener la paz era necesario imponer su religión. Judíos y musulmanes, que hasta entonces habían vivido pacíficamente entre los cristianos, fueron obligados a convertirse y a bautizarse. Pasaron a tener que someterse a leyes estrictas y en muchas ciudades tuvieron que vivir encerrados en ciertas zonas. Muchos optaron por escapar. Contra los musulmanes también se alzó el ejército y sus tierras fueron conquistadas. Se establecieron incluso tribunales para juzgar a todos aquellos que se convirtieron: ¿su nueva creencia era auténtica o solamente fingían? Crear un reino católico era algo ambicioso y también un poco descabellado. Pero Isabel demostró muy pronto no tener miedo a los proyectos que los demás consideraban imposibles…

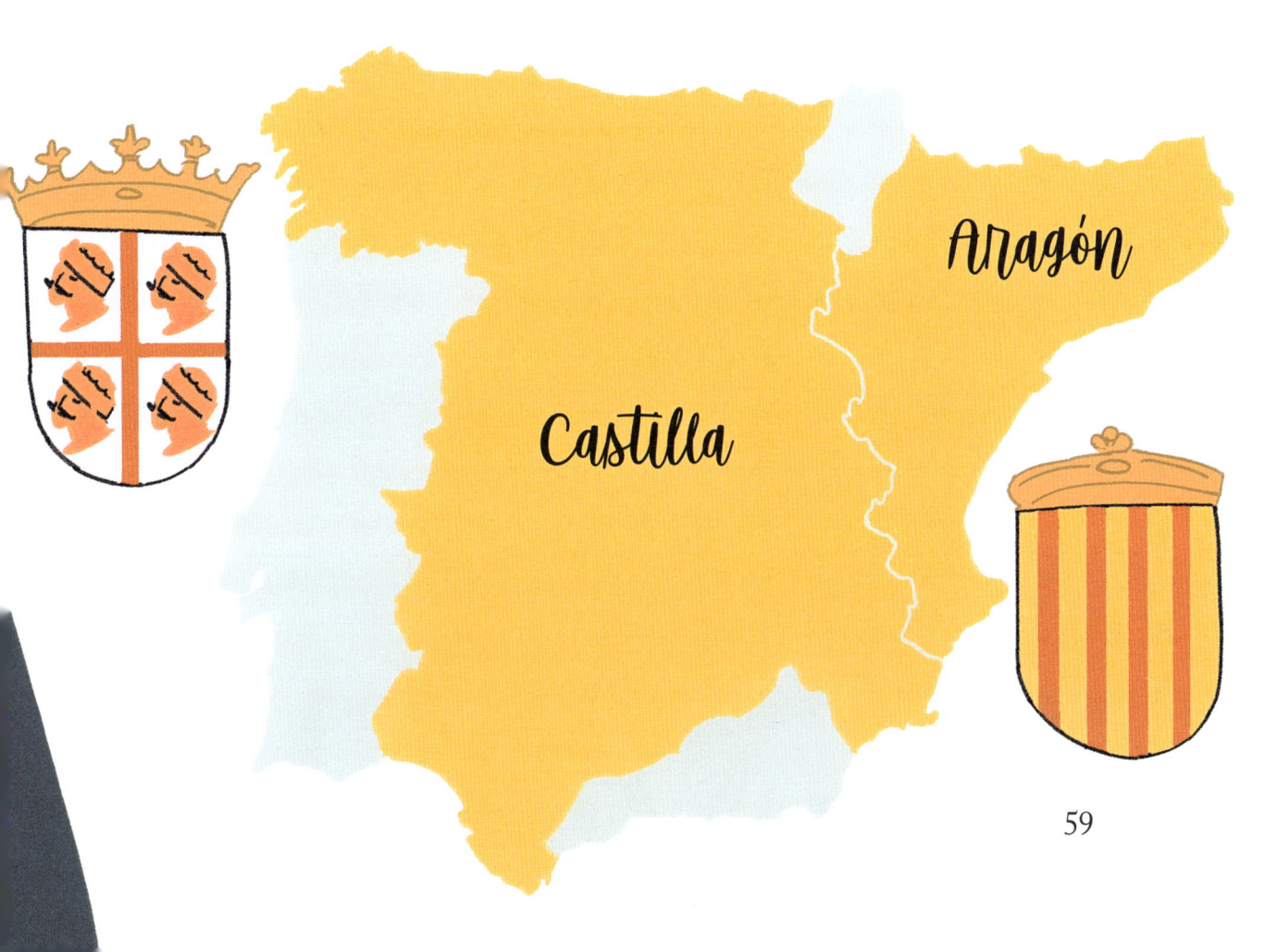

Un día se presentó un marinero en la corte. Era un explorador audaz y planeaba un viaje que nadie antes había intentado: quería zarpar de las costas españolas, navegar hacia Occidente, cruzar el océano Atlántico y llegar a Asia siguiendo la ruta contraria a la que recorrían todos los demás. En aquellos tiempos, ricos y osados comerciantes partían con destino a China, donde compraban especias y tejidos preciosos. Las caravanas debían afrontar un largo y duro viaje a través de la Ruta de la Seda. El reino de Isabel y Fernando era el más lejano de todos en las rutas que conducían a China. Así, cuando aquel marinero llamado Cristóbal Colón, llegó a la corte buscando un rey que estuviera dispuesto a pagar su expedición, Isabel lo recibió y escuchó sus proyectos con atención. Las naves de Colón zarparon gracias a la reina, que aceptó darle el dinero necesario. Colón nunca llegó a China, sino que desembarcó en una tierra desconocida donde plantó la bandera de Isabel y Fernando. Aquellas nuevas tierras —¡América!— se convirtieron en dominios españoles.

61

Multitud de barcos partieron hacia las Américas después del regreso de Colón. Los exploradores colonizaron el continente, sometieron a los pueblos que encontraron, llenaron las bodegas de oro y metales preciosos y llevaron a la corte de Isabel deslumbrantes riquezas. Los reinos de Castilla y Aragón prosperaron. Pero a pesar de la gloria y los éxitos, las decisiones de la soberana también provocaron tragedias que arruinaron la vida de muchos musulmanes, judíos y nativos de las tierras americanas. Despiadada y determinada, Isabel creó aquel gran reino que soñaba cuando era joven y vivía en la corte de su hermano: impuso la religión católica expulsando a los que consideraba «infieles», se ganó el respeto de los nobles más rebeldes, llenó de oro las arcas reales y amplió el reino español hasta el Nuevo Mundo, creyendo en el extravagante proyecto de un marinero al que nadie había hecho caso. De los sueños y proyectos de Isabel de Castilla nacerá muchos siglos después aquel país que todavía hoy conocemos como España.

63

Frida Kahlo

Fechas
6 de julio de 1907,
13 de julio de 1954

Lugar de nacimiento
Coyoacán, Ciudad de México, México

Quién era
Pintora y artista

Ha pasado a la historia por…
Hay quien se rinde ante las dificultades y quien las transforma en oportunidad. Frida pertenece sin duda a la segunda clase de personas: su vida corrió grave peligro por culpa de un accidente del que nunca se curó completamente, pero logró plasmar sus propios sentimientos y miedos en sus cuadros, y se convirtió en una de las artistas más famosas del mundo.

Pintora en el espejo

Una tranquila tarde de septiembre, un pequeño grupo de estudiantes paseaba por las calles de Ciudad de México. Las clases en la universidad habían finalizado, algunos regresaban a casa a pie, otros se entretenían por las calles del barrio. Entre ellos se encontraba Frida, estudiante de Medicina. Charlaba con Alejandro, el chico del que estaba enamorada. El autobús que Frida y Alejandro esperaban para regresar a casa llegó y los dos jóvenes subieron a él. Parecía un día como tantos otros, y nadie podía imaginarse el trágico accidente que estaba a punto de cambiar sus vidas para siempre.

El choque fue repentino y violento: el autobús impactó contra un tranvía que lo arrolló y lo aplastó. Los viajeros salieron despedidos y quedaron malheridos entre chapas y hierros retorcidos. Frida fue quien sufrió las heridas más graves. Yacía en el suelo ensangrentada. Llegaron las ambulancias y los heridos fueron ingresados de urgencia en el hospital, donde en seguida advirtieron la gravedad de su estado. Tenía fracturados los huesos de la espalda, de la pierna, del pie y del hombro, y un largo fragmento de metal se le había incrustado en un costado. Los médicos la examinaron y negaron con la cabeza, pensando que había pocas esperanzas.

Aun así, la pusieron en una mesa de operaciones e hicieron lo posible por salvarle la vida. Frida se despertó de la operación, pero tuvo que permanecer durante un largo mes en el hospital. Podía volver a caminar, pero de su vida anterior ya casi no quedaba nada. El dolor seguía presente, implacable. Nunca la abandonaba, no le daba tregua. Regresó al hospital, los doctores la sometieron a todo tipo de exámenes y descubrieron que las lesiones en la espalda eran más graves de lo que pensaron en un principio. Su veredicto sonaba como una condena terrible para una chica de dieciocho años: debería pasarse meses en la cama, inmóvil y con un rígido corsé.

Sola con su dolor y su espalda rota, obligada a guardar cama en su habitación, Frida tuvo que abandonar el sueño de ser médico. Necesitaba desesperadamente algo que la ayudase a sobrellevar aquellas larguísimas jornadas. Su padre Guillermo se acordó de que Frida, desde pequeña, siempre había mostrado talento para el dibujo. Se le ocurrió, pues, una idea: «¡Le regalaremos una cama con dosel y colgaremos un gran espejo encima de Frida!». Más adelante le proporcionó lienzos, colores y pinceles. Acostada en la cama, Frida empezó a retratar lo que tenía delante: a sí misma. Representaba todo lo que veían sus ojos y lo que su mente soñaba, transformó en colores y formas la desesperación de ser prisionera de su espalda enferma y el miedo que sintió durante el accidente. Incorporó aquellos sentimientos, decidió que también le pertenecían y los incluyó en sus cuadros. Los mezcló después con todo lo que sabía de la cultura mexicana, los colores vívidos, sus vistosos tocados, las flores que crecían bajo el sol de México: ella también era aquello. Las telas que Frida pintaba, postrada en la cama, eran tan extraordinarias que no tardaron en adquirir fama entre los pintores mexicanos. Afortunadamente, no permaneció en la cama para siempre, aunque nunca se curó del todo y siguió padeciendo dolores en la espalda durante el resto de su vida. Sin embargo, el accidente y aquellos largos meses de inmovilidad le permitieron descubrir y cultivar el increíble talento que poseía para la pintura. Durante los años siguientes se dedicó al arte, y logró convertir el dolor y el miedo a la muerte en compañeros. Los pintó en sus cuadros, mezclándolos con colores vivos y flores recién brotadas, y aprendió a no tenerles miedo. Todavía hoy el coraje y la fuerza de Frida deslumbran a todos los que admiran sus obras.

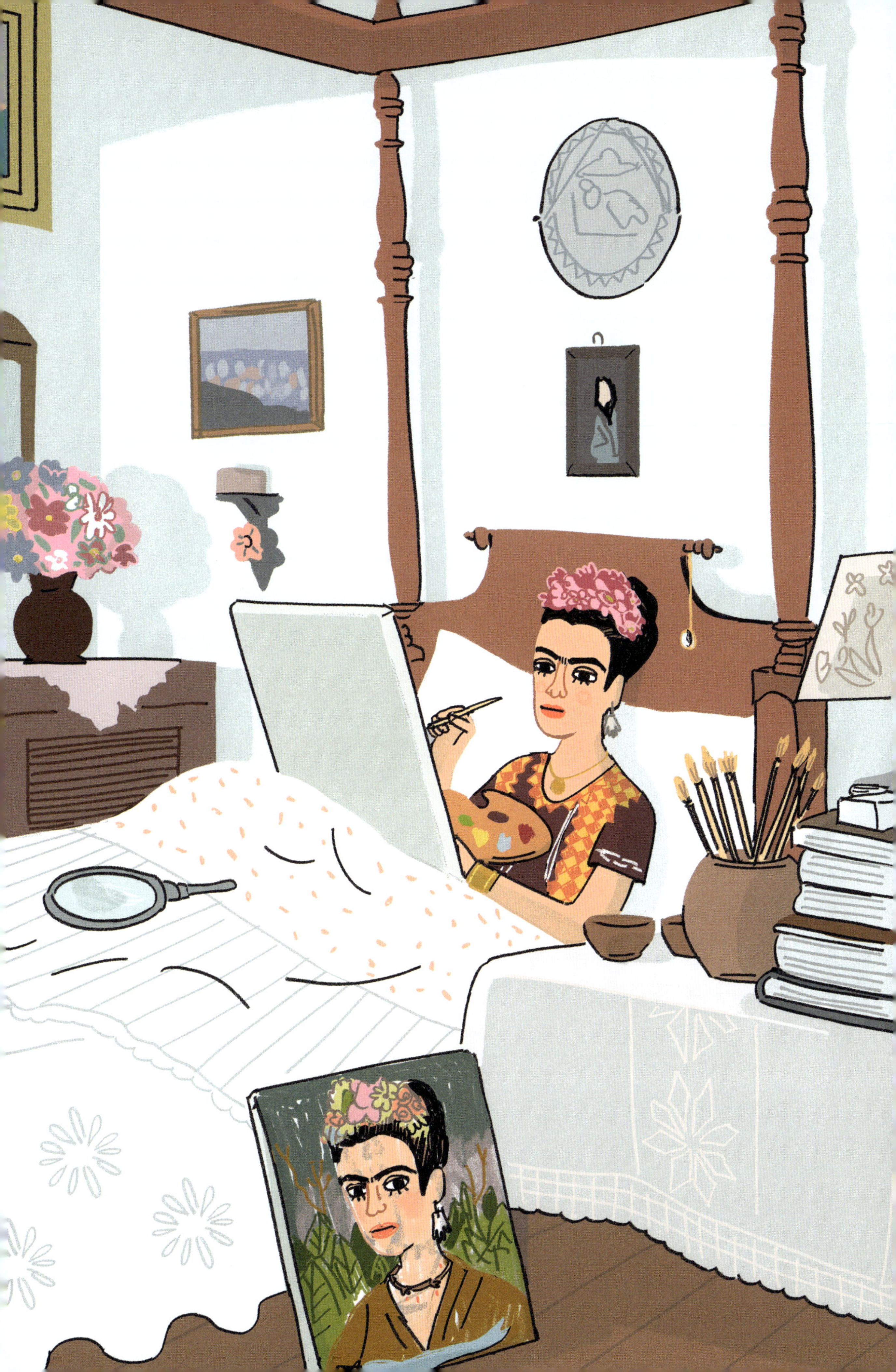

Maria Montessori

Fechas
31 de agosto de 1870,
6 de mayo de 1952

Lugar de nacimiento
Chiaravalle, cerca de Ancona, Italia

Quién era
Médico, educadora, filósofa

Ha pasado a la historia por…

En una época en la que uno de los pocos trabajos que las mujeres podían hacer era dar clase, Maria Montessori decidió que quería dedicarse a estudiar filosofía, pedagogía y medicina. Creía que la forma en que se trataba a los niños en las escuelas no era la más adecuada y quiso contribuir a mejorar aquella situación. Gracias a su labor, las ideas sobre cómo educar a los más pequeños experimentaron una auténtica revolución.

El mundo al alcance de los niños

«Será una excelente profesora», dijo Alessandro Montessori con aire decidido. Para él, el tema quedaba zanjado. Su hija Maria pronto tendría que decidir en qué universidad matricularse y él tenía las ideas muy claras al respecto: una joven de familia respetable debía acabar los estudios, encontrar un trabajo adecuado a una muchacha y dedicarse a la familia.
«Pero a mí me interesan las matemáticas y la biología», replicó Maria, cruzándose de brazos.
«Son materias demasiado complicadas», respondió su padre. Para él, todo aquello eran fantasías de Maria. ¡Las chicas no se matriculaban en aquel tipo de universidades! La madre de Maria, sin embargo, pensaba de forma distinta: estaba convencida de que cualquiera, fuese hombre o mujer, debía decidir libremente lo que quería estudiar. Y la animó a no renunciar a sus pasiones.

Alessandro Montessori consideraba que su hija tenía que ser profesora y no científica. Estaba convencido de ello porque era un hombre de su tiempo —y a principios del siglo xx, efectivamente, las mujeres no se licenciaban en materias científicas—, pero también porque conocía a Maria. Había sido una estudiante brillante, la mejor de la clase, pero no durante los primeros años en la escuela, que habían sido un auténtico desastre. No lograba concentrarse durante las clases y le costaba mucho seguir a las maestras.

Maria se acordaba muy bien de aquellos primeros años. ¡Y sabía que tenía la razón de su parte! ¡Era la escuela la que no se adecuaba a las necesidades de un niño! Maria no se rindió: fue una de las primeras mujeres italianas que se licenció en Medicina. No satisfecha con ello, estudió también Psiquiatría, Pedagogía y Filosofía, y logró siempre excelentes calificaciones. Posteriormente, quizá recordando sus primeros años de colegio, decidió dedicarse a los niños y a su educación. Imaginó una escuela mejor que aquella a la que había asistido de pequeña, con profesores simpáticos que no prohibieran a los niños ser alegres y mostrarse de buen humor. Estaba convencida de que podía existir un centro que fuera divertido, al que de verdad apeteciera ir cada mañana, sin sentirse nunca triste.

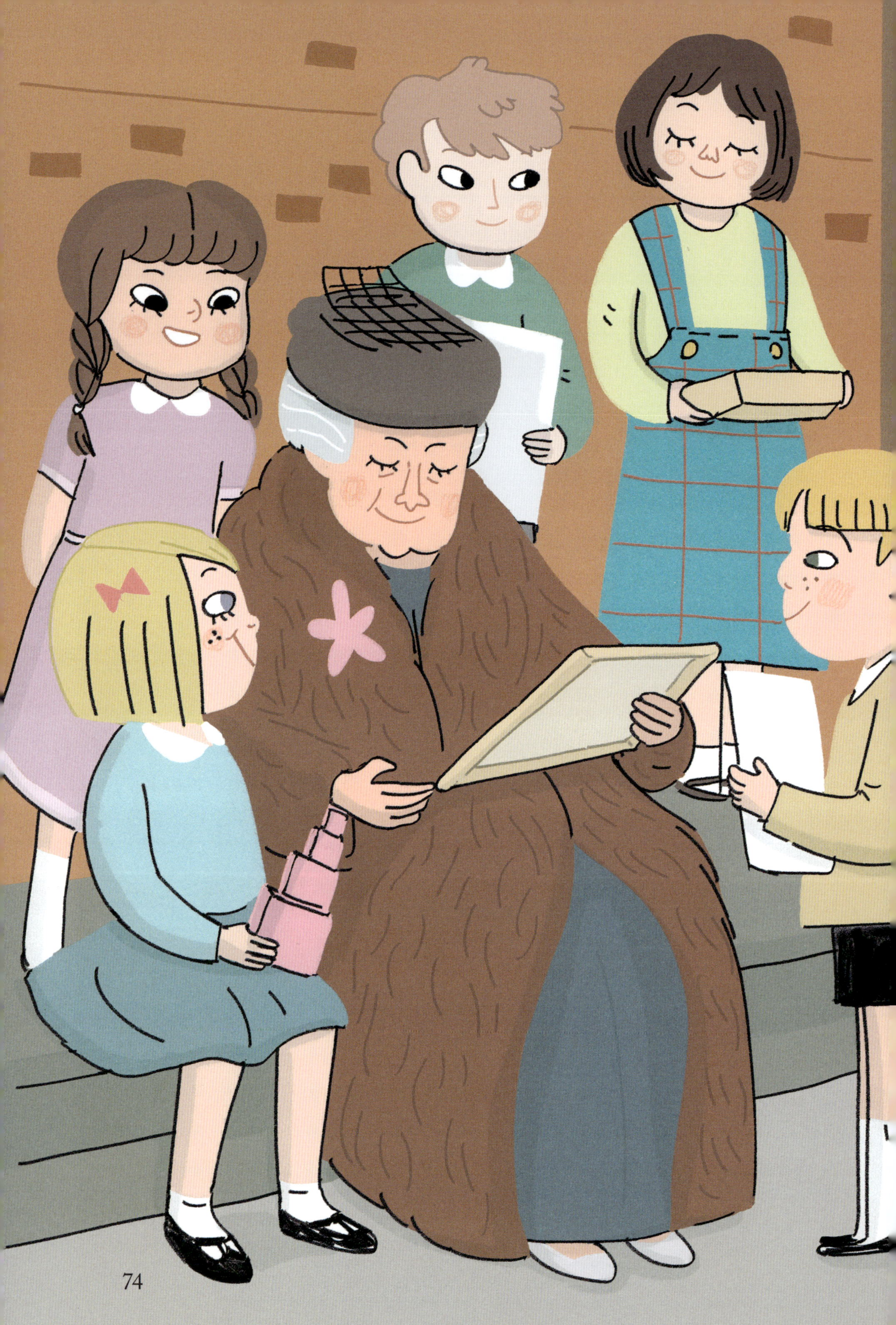

Las ideas sobre la escuela y los niños de Maria Montessori sonaron disparatadas y revolucionarias a oídos de sus contemporáneos. En aquellos tiempos, los niños más pobres tenían que trabajar como los adultos, y nadie cuestionaba que un maestro pudiera pegar a los alumnos más rebeldes. Probablemente, algún profesor llegó a pensar que Maria estaba un poco loca. Pero hubo otros que quedaron fascinados por aquellas teorías, que ella describió brillantemente en numerosos libros, traducidos a muchísimas lenguas. Y así fue como comenzaron a florecer escuelas montessorianas, en las que se buscaba estimular a los niños a cultivar intereses y a participar en las clases, en lugar de imponer con severidad la disciplina. Maria se hizo famosa en todo el mundo y viajó mucho, durante toda su vida. Explicó con paciencia también a los profesores más reacios que los niños merecen respeto y atenciones. Puesto que despreciaba rotundamente la violencia, al estallar la Primera Guerra Mundial huyó de Italia. Vivió en Estados Unidos, en España, en la India y en Holanda, y continuó divulgando su mensaje. Gracias a Maria y a sus ideas, la opinión que los adultos tenían de los niños cambió, y el nivel de las escuelas y los profesores mejoró. De algún modo, Alessandro tuvo buen ojo: Maria sería una excelente profesora.

Tina Anselmi

Fechas
25 de marzo de 1927,
1 de noviembre de 2016

Lugar de nacimiento
Castelfranco Veneto, Treviso, Italia

Quién era
Partisana y política

Ha pasado a la historia por…

La Italia de 1944 estaba en guerra, ocupada por un ejército extranjero. Muchos decidieron seguir las normas impuestas por los soldados, quedarse callados y bajar la cabeza ante las injusticias y la violencia. ¡Pero Tina Anselmi no! Aunque solo era una muchacha, se unió a los partisanos y se implicó activamente para hacer la vida más difícil a los ocupantes alemanes.

La joven que pedaleaba

El verano de 1944 llegaba a su fin, pero los meses de vacaciones no habían sido felices para los jóvenes de Castelfranco Veneto: la guerra lo estropeaba todo. En realidad, la guerra tenía que haber terminado, porque el dictador Mussolini había sido depuesto y el mariscal Badoglio había anunciado que Italia dejaría de combatir. Los alemanes, que hasta aquel mismo día habían sido aliados de Italia, no se tomaron bien la noticia. Ocuparon el país y desarmaron las tropas, y decidieron que a partir de entonces mandaban ellos. En Castelfranco Veneto, como en el resto del país, el alivio por el cercano fin de la guerra de repente dio paso al miedo a la ocupación extranjera. Tina tenía diecisiete años y hablaba a menudo con sus padres de la situación. Lo hacía a escondidas, en casa, porque desde hacía tiempo discutir sobre política era peligroso. Pensar demasiado y tener opinión propia podía acarrear grandes riesgos. Aun así, Tina ya tenía una idea formada: lo que estaba sucediendo era espantoso.

Ella tenía razón: corrían malos tiempos. Y fueron los soldados extranjeros quienes lo confirmaron a los habitantes de Castelfranco Veneto. A finales de septiembre, cuando hacía poco que las clases se habían reanudado, los alemanes irrumpieron en el aula de Tina. «Hoy vais a aprender una lección importante», dijeron. Ordenaron a los estudiantes que los siguieran fuera, a la calle, acompañados de los profesores. Tina se levantó del pupitre con sus compañeros de clase, en silencio y con la mirada baja. Sabía muy bien que debía ser prudente, no llamar la atención. Siguió a los hombres uniformados hasta la calle principal del pueblo. Estaba aterrorizada, pero pronto el miedo se transformó en horror. Frente a los estudiantes había un grupo de jóvenes del pueblo, ejecutados después de ser acusados de enemigos. Los muchachos abrieron los ojos de par en par, incrédulos, y algunos rompieron a llorar. Pero los alemanes fueron inflexibles y los obligaron a caminar delante de las víctimas. Querían asustarlos. «Hoy habéis visto qué les ocurre a quienes no están de nuestro lado. ¡No tendremos piedad de nadie!», amenazaron.

Aquella noche, Tina explicó en casa lo que había sucedido. El señor y la señora Anselmi la escucharon horrorizados. Era terrible, monstruoso. Trataron de tranquilizar a su hija, pero Tina no podía olvidar lo que había visto. Durante los días siguientes habló de ello con los compañeros de clase y con sus amigos. Algunos decían que había que obedecer a los alemanes, otros afirmaban que los jóvenes ejecutados se lo habían buscado. Tina no, ella pensaba de manera distinta.

Hacía falta detener la guerra, no sufrirla en silencio. Había que derrotar a los alemanes y a los fascistas para que ningún muchacho más fuera asesinado. Tina sentía que debía rebelarse. Qué importaba que solo tuviera diecisiete años y que en casa le hubiesen repetido muchas veces que fuera prudente y no se metiera en líos con los soldados. Continuó repitiéndolo a sus amigos: «Hay que hacer algo». Hasta que un día una amiga se puso seria y le preguntó: «¿De verdad tendrías valor?».
«Sí», contestó Tina. Y con aquella respuesta marcó su destino. La chica la acompañó a casa del hombre que estaba organizando la resistencia contra los alemanes y los fascistas. Era un soldado, aunque no llevaba uniforme y se escondía en los bosques. Sus hombres se llamaban partisanos y luchaban en secreto, tratando de detener a los ocupantes.

«Lo que hacemos es peligroso, lo sabes, ¿no?»
Tina sabía que ponía en riesgo su vida, pero aceptó ser uno de ellos. «No deberás hablar de esto con nadie, ni siquiera con tu familia. Por tu seguridad mantén el secreto», le advirtió el comandante de brigada. Tina obedeció. Le dieron un nuevo nombre, Gabriella, y algunas misiones que debía cumplir. Con su bicicleta recorría muchos kilómetros cada día y llegaba hasta los partisanos que se ocultaban entre la ciudad y el campo a la espera de poder atacar a los alemanes, para llevarles órdenes, mensajes e informaciones de los comandantes. Nadie debía descubrir que aquella joven llevaba consigo documentos importantes. Pedaleaba tanto que los neumáticos de su bicicleta se gastaban continuamente. Pero ni el cansancio ni el miedo detuvieron a la partisana Tina.

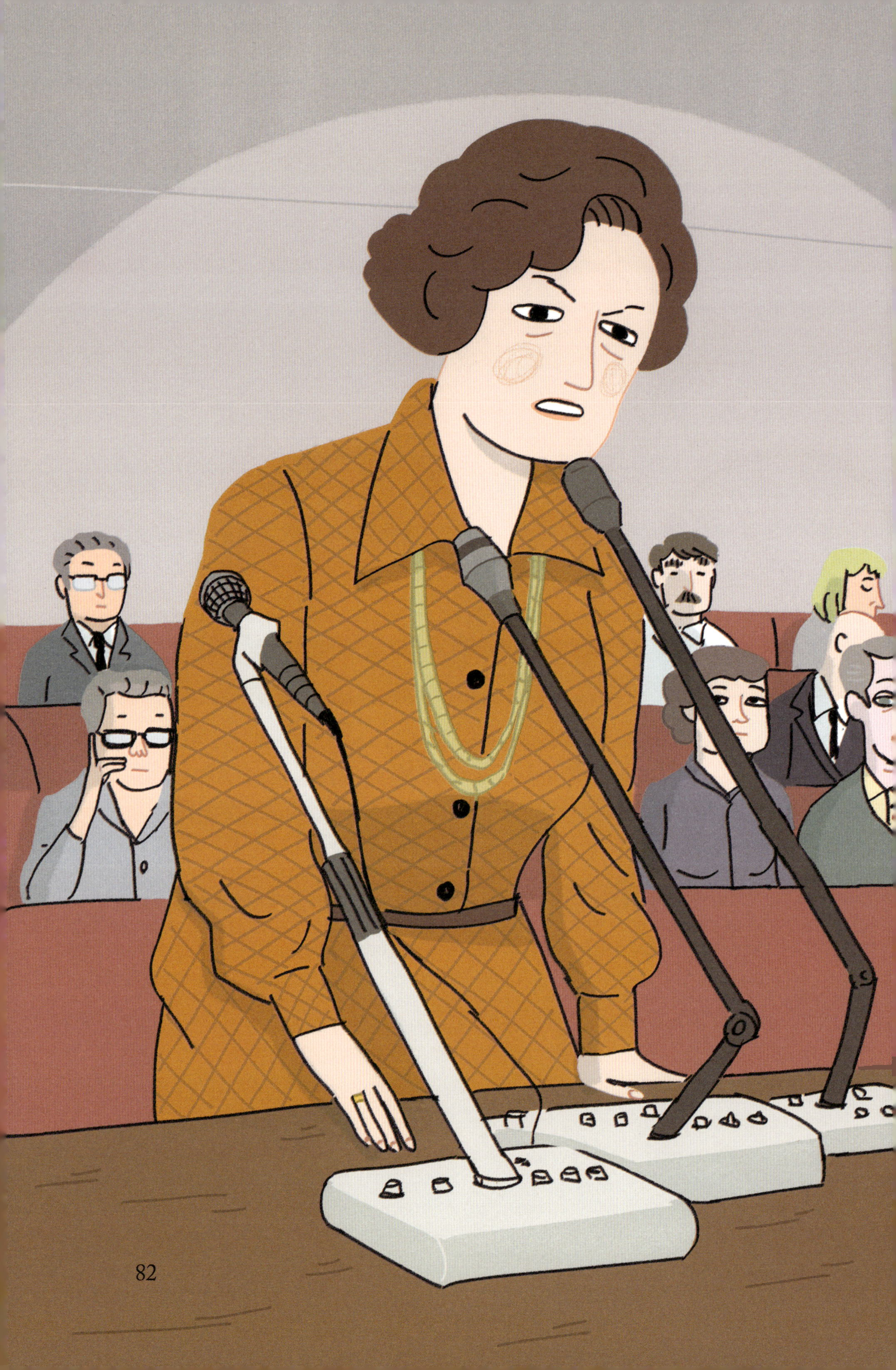

Gracias también a la valentía de partisanos como ella, un día los soldados alemanes se rindieron. Habían perdido la guerra. Los partisanos se encontraron al coronel alemán al mando de Castelfranco y le propusieron que se marchara de noche junto a sus soldados. No querían venganzas ni más muertos en las calles del lugar. Deseaban la paz y la libertad. Así, poco antes del amanecer, los ocupantes abandonaron el pueblo y los partisanos finalmente pudieron bajar a las calles para celebrar la victoria sin tener que esconderse más.

«¡Hemos liberado Castelfranco!», gritaban felices. Tina pasó por debajo de su casa, y fue entonces cuando sus padres descubrieron lo que la había mantenido ocupada fuera de casa todos los días durante tantas horas. Descubrieron el riesgo que había corrido y el coraje que había demostrado. Aquel trágico día de septiembre de 1944, en el que los alemanes habían irrumpido en su escuela, había marcado a Tina Anselmi para siempre. Durante los años venideros se esforzó por lograr que en su país hubiera justicia y paz. Entró en política, luchó para defender los derechos de los trabajadores más desfavorecidos y vulnerables y fue elegida para ocupar un escaño en el Parlamento italiano. En 1976 se convirtió en la primera mujer en la historia de Italia en ocupar el cargo de ministra. Para Tina, el recuerdo de aquella trágica jornada de 1944 todavía estaba vivo, así como la certeza que había crecido en su interior y que había inspirado su posterior carrera: ciertas injusticias hay que detenerlas pase lo que pase.

Wangari Muta Maathai

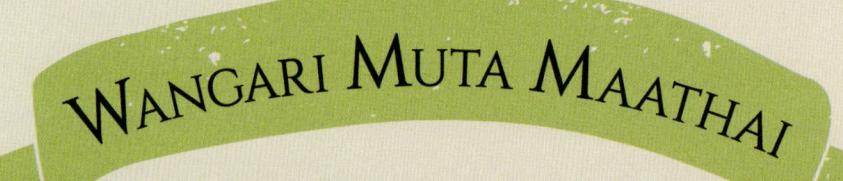

Fechas
1 de abril de 1940,
25 de septiembre de 2011

Lugar de nacimiento
Nyeri, Kenia

Quién era
Ecologista y activista política, fundadora del Green Belt Movement

Ha pasado a la historia por...

Cada uno de nosotros puede marcar la diferencia: este es el mensaje de Wangari Maathai, una valiente mujer africana que estaba convencida de que proteger el hábitat natural de su país era fundamental para que la gente pudiera vivir feliz. No se dejó amedrentar, se implicó en política y fue la primera mujer africana en ganar un premio Nobel. Gracias a su compromiso se han plantado miles de árboles en su tierra.

La mujer que plantaba árboles

La Kenia que había conocido Wangari de pequeña no era ciertamente un país rico, pero tampoco un lugar donde se pasara hambre. En la aldea en la que nació, las casas eran sencillas cabañas, pero todas las familias cultivaban su propio huerto. Había agua y la tierra era fértil. Para Wangari era natural ayudar a sus padres a cultivar frutas y verduras, y así aprendió a conocer las plantas que crecían fuera de casa. Quizá porque demostró ser una niña despierta y voluntariosa, su madre quiso mandarla a la escuela junto con sus hermanos, todos varones. Aquella decisión fue la que llevó a Wangari lejos, a la otra orilla del océano. A su regreso, Kenia se había convertido en un país muy diferente.

Wangari partió a estudiar, gracias a una beca que permitía a los trescientos mejores estudiantes de su país volar fuera. Se fue a un lugar lejano, del que sabía muy poco y que solo podía imaginar: Estados Unidos. Cuando puso un pie fuera del avión comprendió que le esperaba un reto enorme: todo era diferente con respecto a Kenia. Calles asfaltadas en lugar de bosques, edificios enormes, multitud de coches ruidosos y costumbres muy distintas a las de su gente. Con todo, no se desanimó: se acostumbró a las novedades, sin olvidarse nunca de África. Puso todo su empeño en estudiar y destacó como alumna excelente. Wangari hubiera podido quedarse en Estados Unidos y tratar de estudiar una carrera allí, pero decidió volver a África. «Podré poner todo lo que he aprendido al servicio de mi país», se dijo.

Pero la Kenia que encontró a su regreso era distinta de la que había dejado. Llovía mucho menos, y eso no era una buena noticia: sin agua los campos estaban áridos, las plantas secas, las semillas no arraigaban. El panorama había cambiado:
«¿Dónde están los árboles?», preguntó.
«Los han talado para vender la leña», le contestaron.
«¿Y los campos que os daban de comer a todos?»
«Los transformaron en cultivos de té y café, que dan más ganancias.»
Wangari estaba preocupada: sin árboles la tierra se estaba convirtiendo en un desierto y la gente cada vez sufriría más hambre. Aquellos cambios quizá habían producido una nueva riqueza, pero ¿qué sería de su país en los próximos años?

Si existe un problema, hay que emplearse a fondo para encontrar una solución: esa era la idea de Wangari. Trató de hablar con los políticos sobre las transformaciones que tanto le preocupaban. Solicitó entrevistas, se presentó en los despachos de las personas más importantes, habló del peligro que corría su país, pero nadie estaba dispuesto a escucharla, y aún menos a mover un dedo por mejorar la situación. Era mucho más sencillo hacer como si nada y seguir talando árboles para enriquecerse: «El problema es serio y se tiene que afrontar, aun sin la ayuda de los poderosos», decidió entonces Wangari.

Sabía exactamente qué debía hacer y a quién pedir ayuda: entregó a un grupo de mujeres de su país azadas y semillas y las acompañó a las áreas deshabitadas. Juntas plantaron todos los árboles que pudieron. Los árboles crecerían y frenarían la desertificación. Las mujeres que plantaban semillas en la tierra para que crecieran árboles llamaron la atención de la gente; Wangari explicaba su idea a todo el mundo y muchos se ofrecieron a ayudarla. Wangari había lanzado una idea revolucionaria: con el propio esfuerzo cada uno podía hacer algo por el medio ambiente del cual depende el agua que bebemos, el aire que respiramos y los alimentos que comemos.

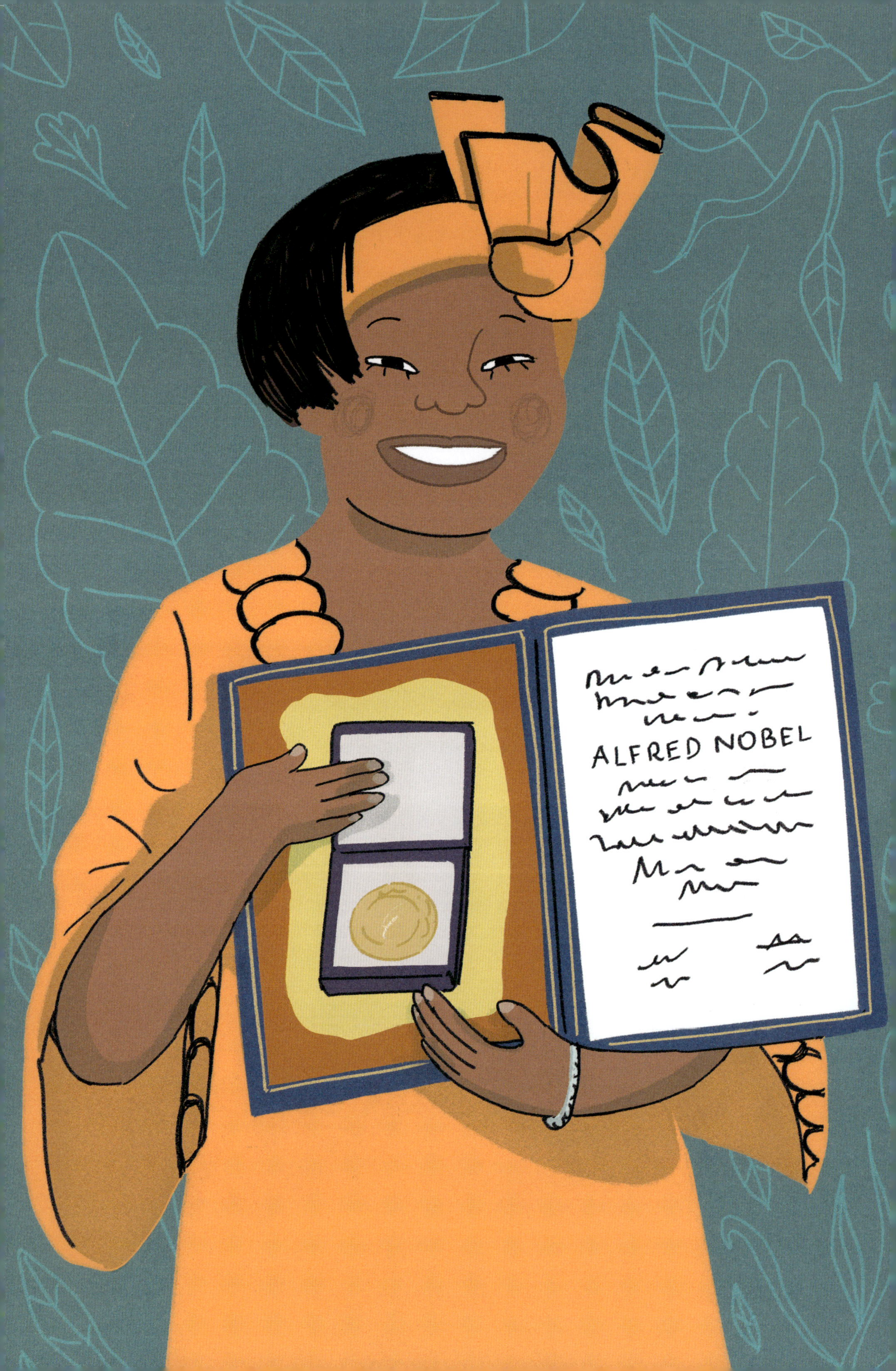
ALFRED NOBEL

Se plantaron muchos árboles, pero en el país algunos seguían deforestando para enriquecerse. Todos los días se talaban kilómetros y kilómetros de la exuberante selva keniana. Una vez más, Wangari y sus mujeres tomaron la valiente decisión de intervenir. Empezaron a denunciar a quienes construían casas en los parques naturales y la actividad de las máquinas excavadoras que devoraban los bosques para dejar lugar a los rascacielos y las calles. Wangari estaba luchando contra hombres despiadados, pero no tenía miedo. Organizó protestas, se enfrentó con la policía, y los periódicos de medio mundo acabaron relatando su historia. Wangari llegó a ser conocida como la «mujer árbol», y las acciones de aquellas mujeres tomaron el nombre de Green Belt Movement. Millones de árboles fueron plantados para proteger el medio ambiente e impedir el avance del desierto, y en 2004 Wangari Muta Maathai se convirtió en la primera mujer africana que ganaba el premio Nobel de la Paz. Al ir a recoger el galardón, recordó a todos la necesidad de ser valiente y de no tener nunca miedo a hacer lo correcto, porque de ello depende nuestro futuro.

CLEOPATRA

Fechas
69 a.C.,
30 a.C.

Lugar de nacimiento
Alejandría, Egipto

Quién era
La reina de Egipto

Ha pasado a la historia por…

Cleopatra fue reina de Egipto y pasó a la historia por la forma de gobernar su propio país en un momento difícil, defendiéndolo de los romanos que pretendían inmiscuirse en cuestiones políticas y de estado. Demostró ser una hábil soberana y tener corazón: se enamoró de Julio César y después de Marco Antonio, y sus historias de amor fueron narradas incluso por el célebre dramaturgo William Shakespeare.

La «divina» de Egipto

Cuando Cleopatra se convirtió en reina, la situación del país no era la mejor. Durante siglos, Egipto había sido poderoso y rico, aunque los romanos cada vez pretendían someterlo más y más a sus propias leyes. Por si fuera poco, el Nilo no se desbordó como ocurría cada año y los campesinos no cosecharon casi nada. El pueblo estaba furioso y se rumoreaba que pronto alguien organizaría una revuelta. Cleopatra era muy joven —¡solo tenía diecisiete años!—, pero el reto que tenía por delante no la amedrentó.

El primer problema que tuvo que afrontar fue el de su hermano. Ptolomeo XIII todavía era un niño, pero la tradición exigía que los dos descendientes gobernaran juntos. Cleopatra estaba convencida de que no era adecuado que subiera al trono, de modo que hizo todo lo posible para apartarlo. Se hizo llamar «divina» y ordenó acuñar monedas con su efigie, un privilegio reservado normalmente a los hombres. El joven Ptolomeo XIII no se lo tomó nada bien. Logró reunir en torno a él a todos los que no guardaban simpatía por Cleopatra y se preparó para dar una buena lección a su hermana. Cuando la guerra entre ellos dos parecía inevitable, desde Roma llegó Julio César, para nada partidario de que las disputas entre ellos dos pudieran provocar desórdenes en el país.
«¡Tengo que conseguir que me reciba antes que a Ptolomeo!», se dijo la reina. E ideó un método ingenioso y original: sus siervos la envolvieron en una gran tela, que dejaron a los pies de Julio César. «Un regalo de parte de la reina», anunciaron.

Intrigado, Julio César desenrolló la tela, y dentro se encontró a… ¡Cleopatra en persona! El general romano se quedó muy impresionado por el coraje y la determinación que había demostrado aquella mujer. Y muy pronto la admiración se transformó en algo más: los dos se enamoraron. Él se puso de parte de Cleopatra, que se convirtió así en reina indiscutible de Egipto.

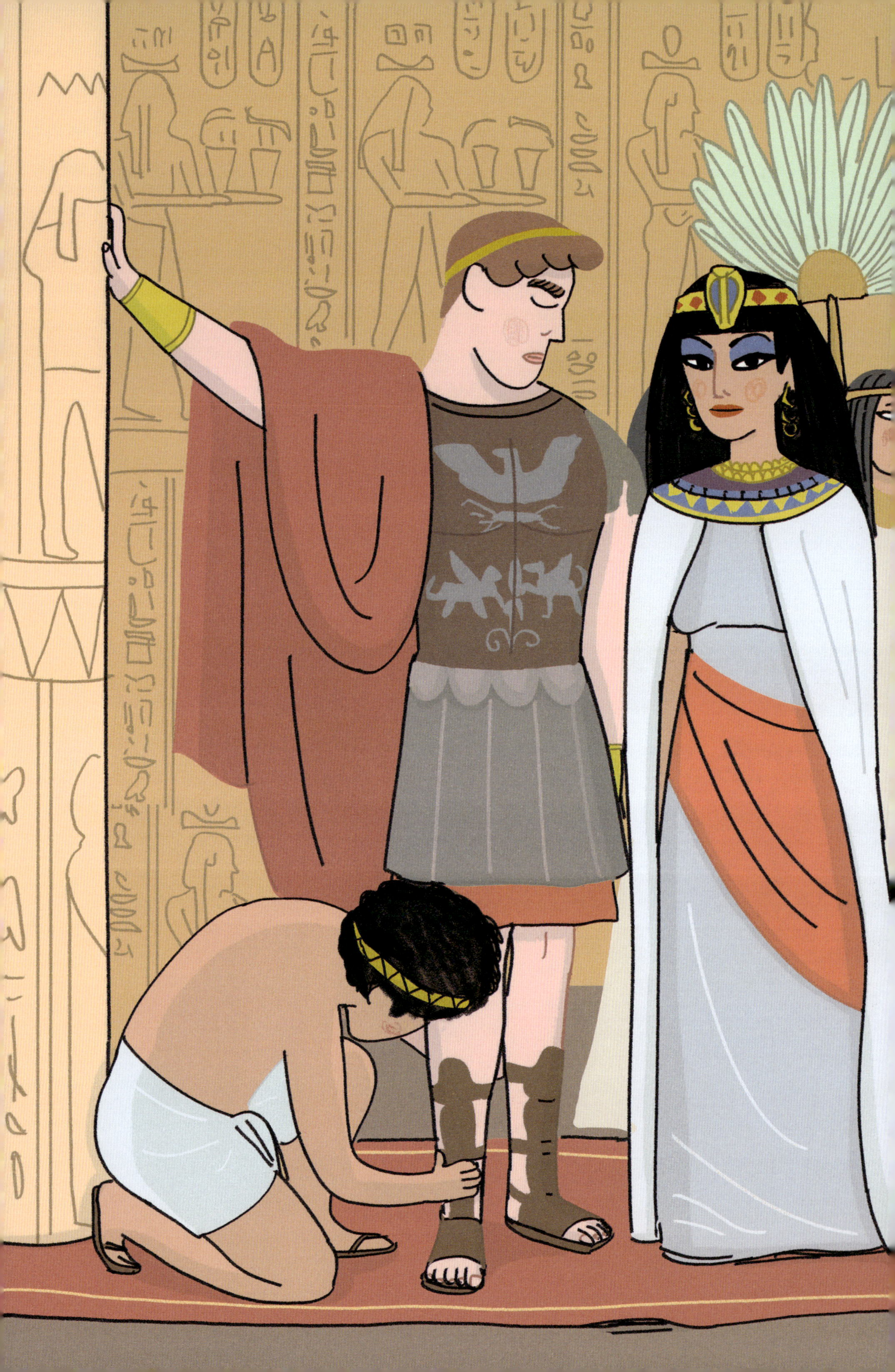

La reina se trasladó a Roma junto a Julio César, y durante unos años pensó que podría gobernar en paz su país, al lado del hombre que amaba. Desgraciadamente no fue así: si en Egipto la vida de los reyes era complicada, en Roma la situación no era más tranquila. A César lo apuñaló una camarilla de nobles que no compartían su idea de convertirse en dictador absoluto. Al divulgarse la noticia de su muerte, Cleopatra pensó que lo más prudente sería huir a Egipto. Una vez allí, supo que su reino sería administrado por el romano Marco Antonio, sucesor de César. A su llegada, la reina lo recibió con tal exhibición de riquezas que Marco Antonio no volvió nunca más a Roma. Se enamoró de Cleopatra y decidió permanecer en su corte. Se divorció de su esposa y le dio cada vez más poder a su amada reina. Demasiado, incluso: en Roma comenzaron a pensar que Marco Antonio era excesivamente generoso con los egipcios, así que enviaron una flota de barcos cargados de soldados preparados para la guerra. Para Cleopatra y Marco Antonio no existía ninguna esperanza de victoria. La leyenda dice que, ante tal situación, la reina se dejó morder por una serpiente venenosa, convencida de que la libertad tenía más valor que la vida misma.

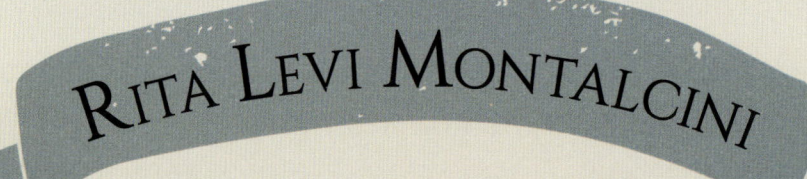

Rita Levi Montalcini

Fechas
22 de abril de 1909,
30 de diciembre de 2012

Lugar de nacimiento
Turín, Italia

Quién era
Neuróloga, investigadora

Ha pasado a la historia por…

Científica, investigadora y estudiosa, logró identificar una importante proteína, fundamental para nuestro sistema nervioso, que la hizo merecedora del premio Nobel de Medicina. Sus descubrimientos todavía resultan más increíbles si tenemos en cuenta que empezó a trabajar en ellos en un laboratorio instalado en su casa, después de ser expulsada de la universidad por el hecho de que su familia era de religión judía.

El laboratorio en el dormitorio

Rita no sabía muy bien qué ser «de mayor». Había crecido en una familia unida y feliz, pero los Levi Montalcini también eran bastante tradicionales: para ellos, las niñas debían estudiar lo justo para luego casarse y cuidar de la casa y de los hijos. Rita, sin embargo, quería hacer algo distinto. Escogió su propio camino el día en que la mayordoma de casa, a quien quería con toda el alma, se puso enferma.
«Seguiré estudiando, me matricularé en la facultad de Medicina y hallaré el tratamiento para su mal», anunció a sus padres. El padre la escuchó perplejo, pero Rita insistió tanto que el señor Levi finalmente accedió. Para ser admitida en la universidad, Rita tuvo que superar muchas asignaturas difíciles: nunca había estudiado griego, sabía menos latín de lo necesario y ni siquiera se desenvolvía bien con las matemáticas. A pesar de ello, logó superar la prueba de ingreso. Rita tuvo la suerte de encontrar a un gran profesor y de tener a su lado a compañeros brillantes, así que acabó apasionándose por los estudios.

Desgraciadamente llegaron años tristes para Europa. El dictador Mussolini había accedido al poder y entre sus leyes más odiosas estaba la que prohibía a todos los judíos asistir o enseñar en las escuelas. Rita no creía en Dios, pero bastaba tener un abuelo judío en la familia para ser rechazado como ciudadano. Si quería continuar su carrera de investigadora científica, no tenía otra alternativa que huir del país. Se subió a un tren y viajó hasta Bélgica, convencida de que los resultados obtenidos importarían más que la religión de sus antepasados.

Rita reanudó sus estudios en la nueva universidad, hasta que llegó la terrible noticia: ¡había estallado la guerra y los nazis se acercaban peligrosamente! Ellos, como Mussolini, odiaban a los judíos. Volvió a empaquetar sus enseres y regresó a Italia con su familia. No podía dar clase, no podía curar a los enfermos ni tampoco podía seguir con sus investigaciones: como el resto de judíos italianos, permanecía en casa y esperaba. Se aburrió terriblemente, hasta el día en que un amigo suyo le sugirió una idea: «Crea un pequeño laboratorio y retoma las investigaciones». Rita dejó de desesperarse ante la ventana por las decisiones del dictador y centró su interés en los millones de células del sistema nervioso humano.

Los padres y los hermanos de Rita la ayudaron a montar el laboratorio en su dormitorio, comprando el instrumental necesario. El profesor con el que Rita había iniciado sus estudios, judío como los Levi, comenzó a frecuentar el lugar y les brindó su ayuda. Mientras los periódicos publicaban los nombres de los judíos culpándolos de todos los males y en las paredes de las ciudades aparecían centenares de carteles ensalzando a Mussolini, Rita se concentraba en el funcionamiento del cerebro humano. Encerrada en su propia habitación, analizaba células nerviosas y apuntaba los resultados con entusiasmo. Fuera, en cambio, los ejércitos alemanes invadían Europa, conquistaban países y sembraban la muerte y la destrucción.

La guerra estallaba, y para los judíos el peligro era cada vez mayor. Concentrada en sus investigaciones, Rita trataba de no pensar demasiado en ello. Pero con el inicio de los bombardeos sobre Turín, se hizo imposible ignorar lo que sucedía en las calles. Cuando sonaban las sirenas, había que dejarlo todo y escapar a los sótanos o a los refugios para protegerse de las bombas lanzadas desde los aviones. A pesar de ello, Rita no se desanimó y prosiguió las investigaciones en su laboratorio improvisado.

El invierno estaba a las puertas y permanecer en Turín era demasiado peligroso. Los Levi se trasladaron a una casa en las colinas. A Rita le gustaba la vida en el campo: con su bicicleta pedaleaba entre las granjas de campesinos buscando huevos que necesitaba para llevar a cabo sus experimentos. Estando aún allí, los acontecimientos se precipitaron y el país fue ocupado por los nazis. Los soldados extranjeros llegaron a Turín con sus tanques y la ciudad quedó en sus manos. Fue un día triste para los Levi. Sabían que corrían un grave peligro, porque los alemanes cargaban a los judíos en enormes trenes de mercancías y no volvían nunca. Pensaron en refugiarse en Suiza, pero los soldados patrullaban la frontera. Entonces Rita se subió a un tren con destino al sur, donde todavía no habían llegado los nazis. No llevaba documentación, viajaba sin rumbo fijo y aterrorizada por la idea de ser descubierta y arrestada. Una fría y húmeda mañana se bajó en la primera estación y apareció en Florencia. Logró esconderse en la ciudad hasta el final de la guerra, manteniendo en secreto su apellido, que hubiera revelado los orígenes judíos de su familia. Consigo llevaba todas sus notas sobre las células nerviosas. Las investigaciones que con valentía había llevado a cabo en sus laboratorios improvisados, escapando de nazis y de crueles dictadores, demostraron ser fundamentales en los años venideros: Rita se trasladó a Estados Unidos y se convirtió en una investigadora famosa y respetada. Sus descubrimientos, importantísimos para la Medicina, contribuyeron a salvar vidas y a curar enfermedades, y ayudaron también a los que hubieran querido llevársela en un tren debido a la religión de su abuelo.

105

Juana de Arco

Fechas
6 de enero de 1412,
30 de mayo de 1431

Lugar de nacimiento
Domrémy-la-Pucelle,
en La Lorena, Francia

Quién era
Una valiente heroína
que guió a su pueblo
en la batalla

Ha pasado a la historia por...

Jovencísima y llevada por un gran amor a su patria, no dudó un instante en ponerse la armadura de soldado y entrar en combate para derrotar al ejército inglés invasor. Desde aquel lejano siglo xv, la memoria de sus hazañas aún hoy permanece viva, hasta el punto de que Juana de Arco es ya un símbolo nacional francés.

La guía de los soldados

Era el inicio del lejano 1429 y por los polvorientos caminos de la campiña francesa avanzaban largas hileras de campesinos en fuga. Los soldados ingleses habían ocupado países enteros y la gente huía despavorida de los invasores. Entre ellos había una jovencita de aspecto dulce llamada Juana. Se decía que era muy religiosa y caritativa: hacía suya la suerte de los más necesitados y siempre tenía una buena palabra para los enfermos. A sus padres solo les preocupaba una excentricidad: Juana afirmaba que Dios en persona le hablaba. Y estaba muy convencida de ello. «Quién sabe si algún día entrará en un convento para hacerse religiosa…», pensaba su madre. ¡Nunca hubiera podido imaginar el futuro que le esperaba!

Las voces susurraron con más insistencia en el oído de Juana cuando los acontecimientos en Francia se precipitaron: la ciudad de Orleans estaba a punto de capitular y ser conquistada por los ingleses. ¡La derrota estaba muy cerca! Pero esas voces en ningún momento le sugirieron que entrara en un convento. Ella debía correr en ayuda del príncipe Carlos, que quería expulsar a los ingleses y coronarse rey de Francia. Juana obedeció. Marchó al campo de batalla, quiso ser recibida por el capitán y pidió ver al futuro rey.

«Vengo en nombre de Dios», explicó simplemente Juana. El soldado se echó a reír, divertido, pero la muchacha no se dio por vencida. Volvió otras veces para ver al capitán, insistiendo en que era el cielo quien la enviaba para ayudar al rey. El capitán acabó cediendo, quizá también porque una ayuda divina era su última esperanza para ganar la guerra contra los ingleses. Después de un largo y peligroso viaje por el país, la joven llegó al castillo real, donde se arrodilló a los pies del monarca y le anunció que había sido enviada para ayudarlo. Carlos era desconfiado: ¿era posible que Dios le hubiera mandado a una jovencita menuda y tímida, que nunca había empuñado una espada? Durante unos días estuvo cavilando hasta que finalmente decidió confiar en ella. No tenía nada que perder: de todas formas, los ingleses pronto derrotarían a su ejército. La mandó a Orleans, la ciudad cercada por los soldados enemigos, con la esperanza de salvarla.

Juana no había luchado nunca en una guerra, pero a pesar de ello tenía las ideas muy claras sobre lo que había que hacer. Pasó entre los soldados y en seguida se hizo respetar. Llevaba una armadura, cabalgaba con arrojo y aseguraba que Francia pronto ganaría la guerra. Mostraba tanta determinación que los soldados empezaron a creerla y a seguirla como si fuese su capitán. La población la adoraba: era mucho más amable que los soldados y les prometía a todos un futuro de paz. Actuó como un verdadero jefe: cuestionaba las estrategias y decidía cuándo atacar, sin dejarse intimidar por los comandantes, que la miraban perplejos. Dando muestras de su integridad, Juana se asomó a las murallas de la ciudad y avisó a los ingleses de que Dios estaba en contra de ellos y que lo mejor que podían hacer era retirarse, pero no la tomaron en serio. Al darse cuenta de que era una jovencita con armadura no pudieron aguantar la risa. Juana se encogió de hombros y regresó con los soldados para preparar la victoria francesa. Tal y como había anunciado, los franceses vencieron y los enemigos tuvieron que huir. ¡Orleans se había salvado! Juana no solo ganó la guerra, también logró levantar la moral de los franceses y retornarles el orgullo de vivir en libertad en su propio país. El príncipe Carlos pudo coronarse rey en una fastuosa ceremonia. Lo celebró como si hubiera sido él mismo el que hubiera derrotado a los ingleses, pero Juana era buena y nunca se lo reprochó.

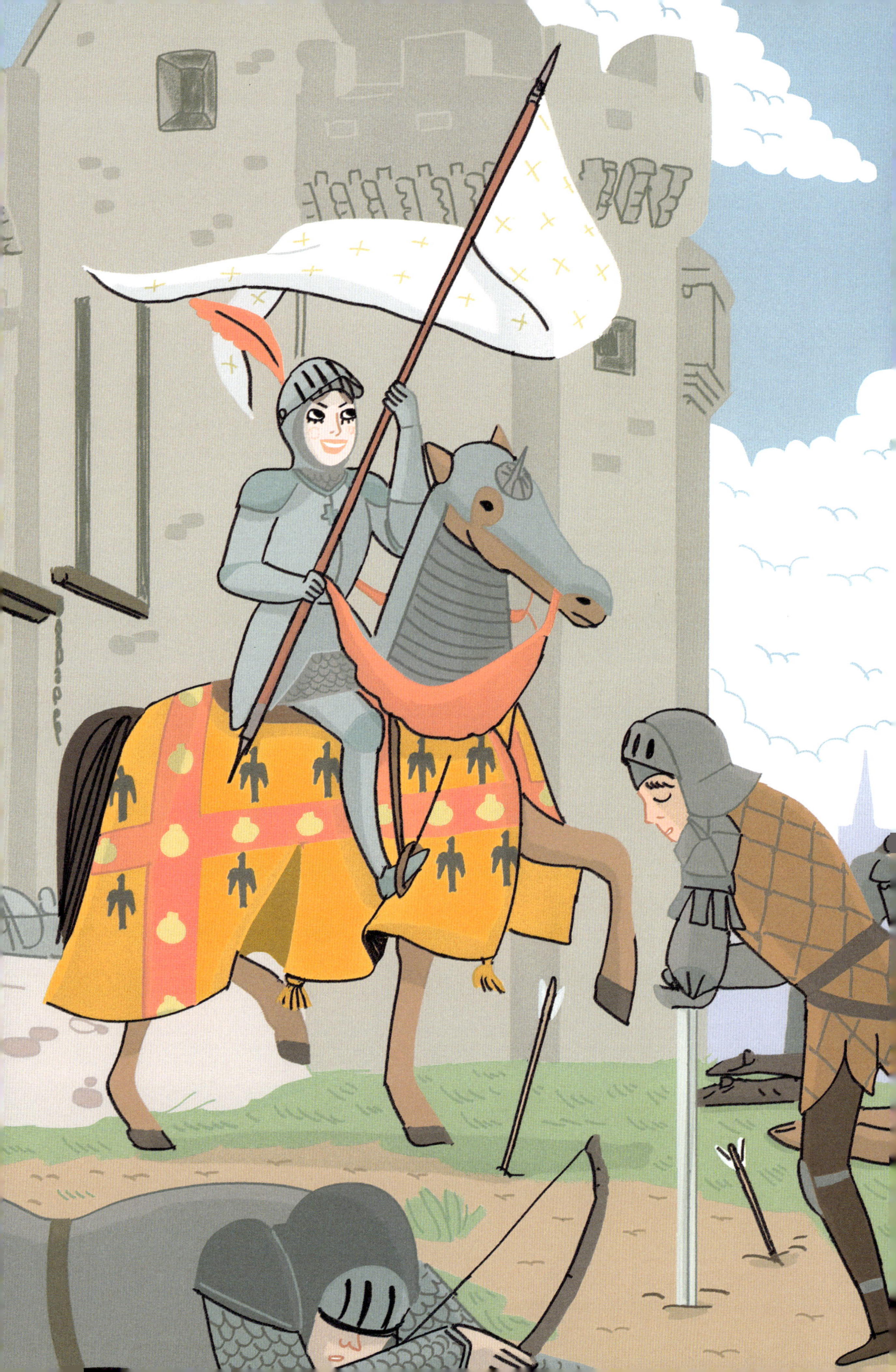

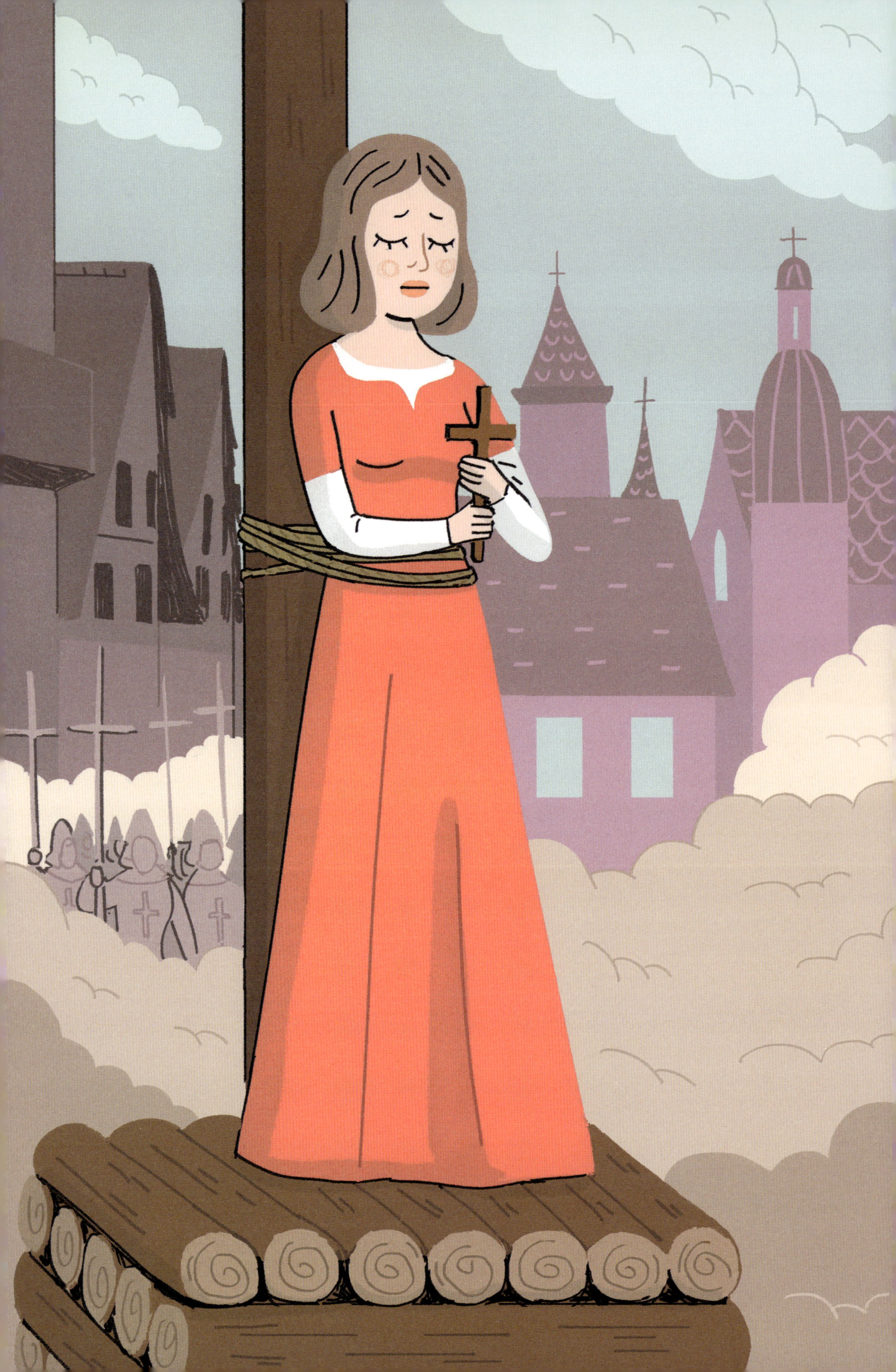

En Francia todavía había pueblos controlados por soldados ingleses. A Juana le gustaba hacer las cosas como era debido, sobre todo cuando obraba en nombre de Dios. Así que mientras Carlos disfrutaba de su vida como rey, ella se puso de nuevo la armadura, montó a caballo y partió para liberar al país de los últimos ocupantes extranjeros. En una de aquellas batallas se quedó rezagada y no pudo llegar a tiempo a las murallas de la ciudad para protegerse. Como buena cabecilla, quería asegurarse de que todos estuvieran a salvo, y así fue como cayó prisionera de los ingleses. No podían esperar nada mejor: la heroína francesa que había causado su derrota finalmente estaba en sus manos. Para salvar las apariencias organizaron a toda prisa un proceso. Después de largos interrogatorios y terribles semanas de reclusión, Juana fue condenada a muerte. Si se arrepentía de lo que había hecho, si pedía disculpas por luchar como un soldado, los ingleses se comportarían con generosidad y la encerrarían durante el resto de su vida en una minúscula y oscura celda, a pan y agua. Pero Juana creía realmente que actuaba en nombre de Dios, de modo que no cedió en nada y afrontó con valentía el terrible destino que la esperaba. Al ejecutarla, los ingleses convirtieron a Juana de Arco en una heroína legendaria y en un símbolo nacional de coraje y amor por la libertad.

Valentina Tereshkova

Fechas
6 de marzo de 1937

Lugar de nacimiento
Maslennikovo,
en Yaroslavl Oblast,
Rusia

Quién es
Astronauta

Ha pasado a la historia por…

La pasión por el paracaidismo y por la aventura impulsaron a Valentina Tereshkova a aceptar un gran desafío: ser la primera mujer astronauta en volar por el espacio. Dejó el pueblecito donde había nacido y se trasladó a Moscú para estudiar. Después, en 1963, partió en misión y acabó convirtiéndose en símbolo de los increíbles objetivos que se pueden alcanzar con determinación y fuerza de voluntad.

DE LA FÁBRICA AL CIELO

Desde las calles polvorientas de su pueblo en la campiña rusa, Valentina Tereshkova miraba pasar los trenes. Venían de lejos y se dirigían hacia grandes ciudades que ella quizá no llegaría a visitar nunca. Le gustaba soñar, porque la vida de la familia Tereshkova no era fácil. Valentina vivía con su madre en una casita, y ya de pequeña tuvo que ayudar para ganar algo de dinero. Empezó como trabajadora en una fábrica de neumáticos, pero era un trabajo pesado y aburrido. Luego entró en una fábrica textil, pero aquel trabajo tampoco era mejor.

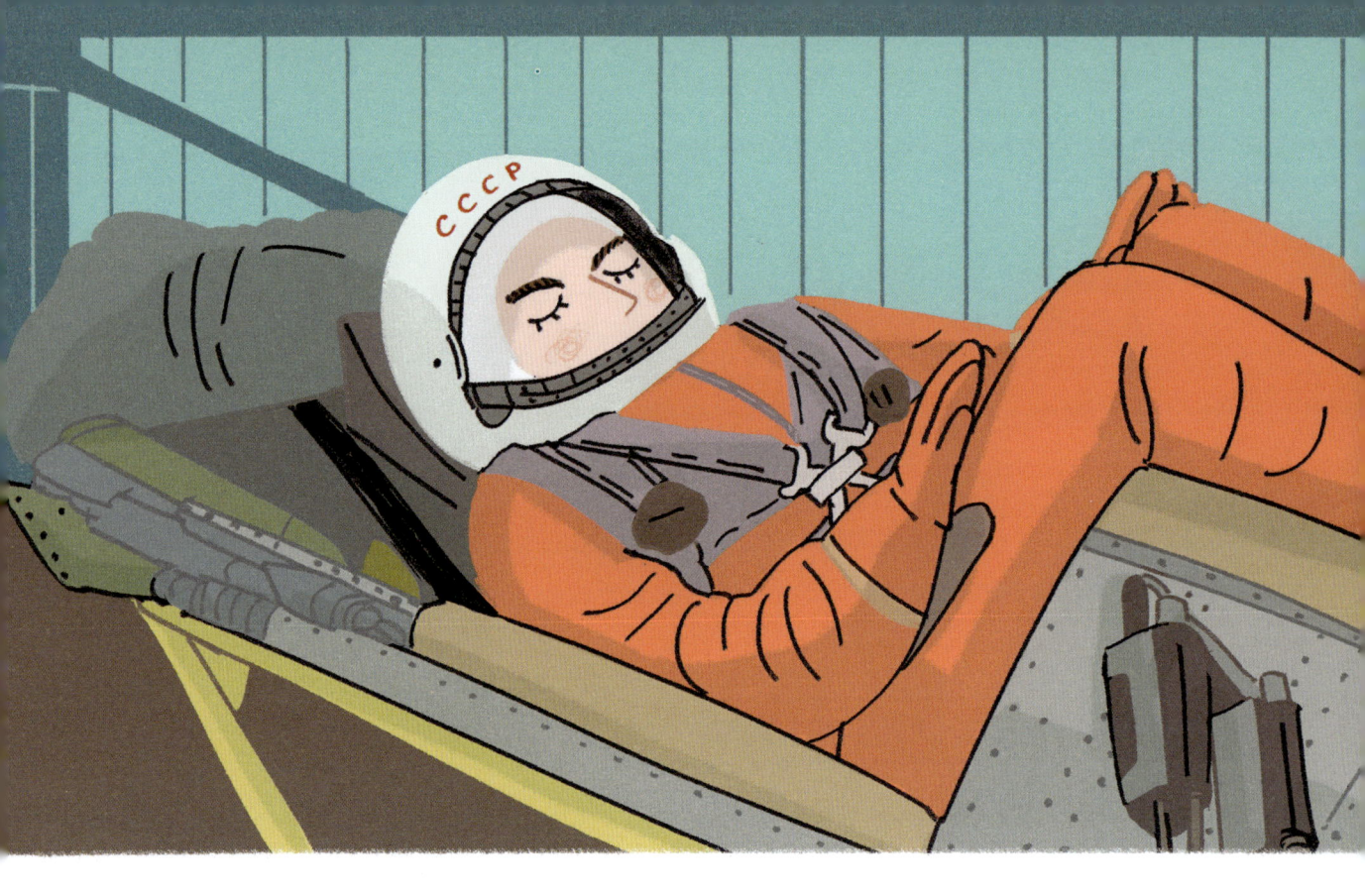

Valentina no podía asistir a clase, así que por las tardes, después de la jornada laboral en la fábrica, abría los libros en la mesa de la cocina y estudiaba hasta tarde. Sus jornadas eran largas y agotadoras, y antes de acostarse fantaseaba sobre un futuro mejor. Fueron los trenes que pasaban por la estación de Maslennikovo los que le dieron la idea. «Tal vez podría conducir uno...», se dijo. Habló de ello con su madre, que pareció muy sorprendida.
«Hum... si yo fuera tú, buscaría algo distinto», le contestó.
Valentina continuó pensando en ello, hasta el día en que Yuri Gagarin viajó al espacio y se convirtió en el primer astronauta que orbitaba alrededor de la Tierra en su cápsula espacial. Era el 12 de abril de 1961 y millones de personas en todo el mundo observaron el cielo, impresionados por aquel hito histórico. Evidentemente, entre ellos también estaba Valentina.
«Si no puedo conducir trenes, quizá sí ser astronauta», se dijo. Estaba segura de que era la candidata ideal para volar al espacio, porque de algún modo estaba muy familiarizada con el

cielo: en su tiempo libre había empezado a lanzarse en paracaídas. Escribió una carta al centro espacial ruso para ofrecerse como voluntaria, y desde Moscú le contestaron que buscaban justamente una joven valiente como ella. Solo le pidieron que no explicase nada a nadie, porque las misiones espaciales debían mantenerse en secreto. Valentina le dijo a su madre que había encontrado un buen trabajo en la capital, hizo las maletas y emprendió el viaje, contenta de no tener que ocuparse más de neumáticos ni de hilos.

En Moscú empezó su formación como astronauta: tenía que aprender a conducir una nave, a moverse con un traje espacial y saber cómo funcionaban los ordenadores de a bordo. Los científicos la sometieron a las duras pruebas de selección reservadas a los astronautas hombres. Fueron dos años de enorme trabajo, esmero y muy poco tiempo libre, pero Valentina estaba acostumbrada a tener que esforzarse. Nunca se quejaba, ¡porque al menos lo que hacía no era aburrido!

Una mañana de junio de 1963, el pueblo de Maslennikovo amaneció tranquilo como siempre: los jóvenes se despertaban pronto para ir a la fábrica y los trenes seguían pasando por los andenes. La señora Tereshkova estaba en casa cuando oyó a un vecino que llamaba a su puerta. «¡Tu hija está a punto de volar por el espacio!», exclamó. Ella levantó los ojos hacia el cielo y pensó que no lo había entendido bien. Como no tenía televisor, su vecino la cogió del brazo y se la llevó a su casa, y allá, sobre la pantalla encendida, aparecía su querida Valentina.
«Mira», le dijo.
¡Era verdad! Su hija salía en televisión, ataviada con el casco y aquel extraño traje naranja de los astronautas. La vio subir en la nave Vostok-6 y luego partir hacia el cielo.

Valentina dio cuarenta y nueve vueltas alrededor de la Tierra, contemplando el planeta desde lo alto. La vida en el espacio tenía muy pocas comodidades: la cabina era estrecha, el casco le daba dolor de cabeza y los alimentos le provocaban náuseas. A pesar de ello, aquella aventura era tan increíble que Valentina hubiera aguantado sin problemas cosas peores durante mucho más tiempo. Tres días después llegó el momento de regresar. Fue entonces cuando Valentina se dio cuenta de que algo no iba bien: en lugar de volver hacia el planeta de donde había partido, la nave tendía a alejarse hacia el espacio profundo.

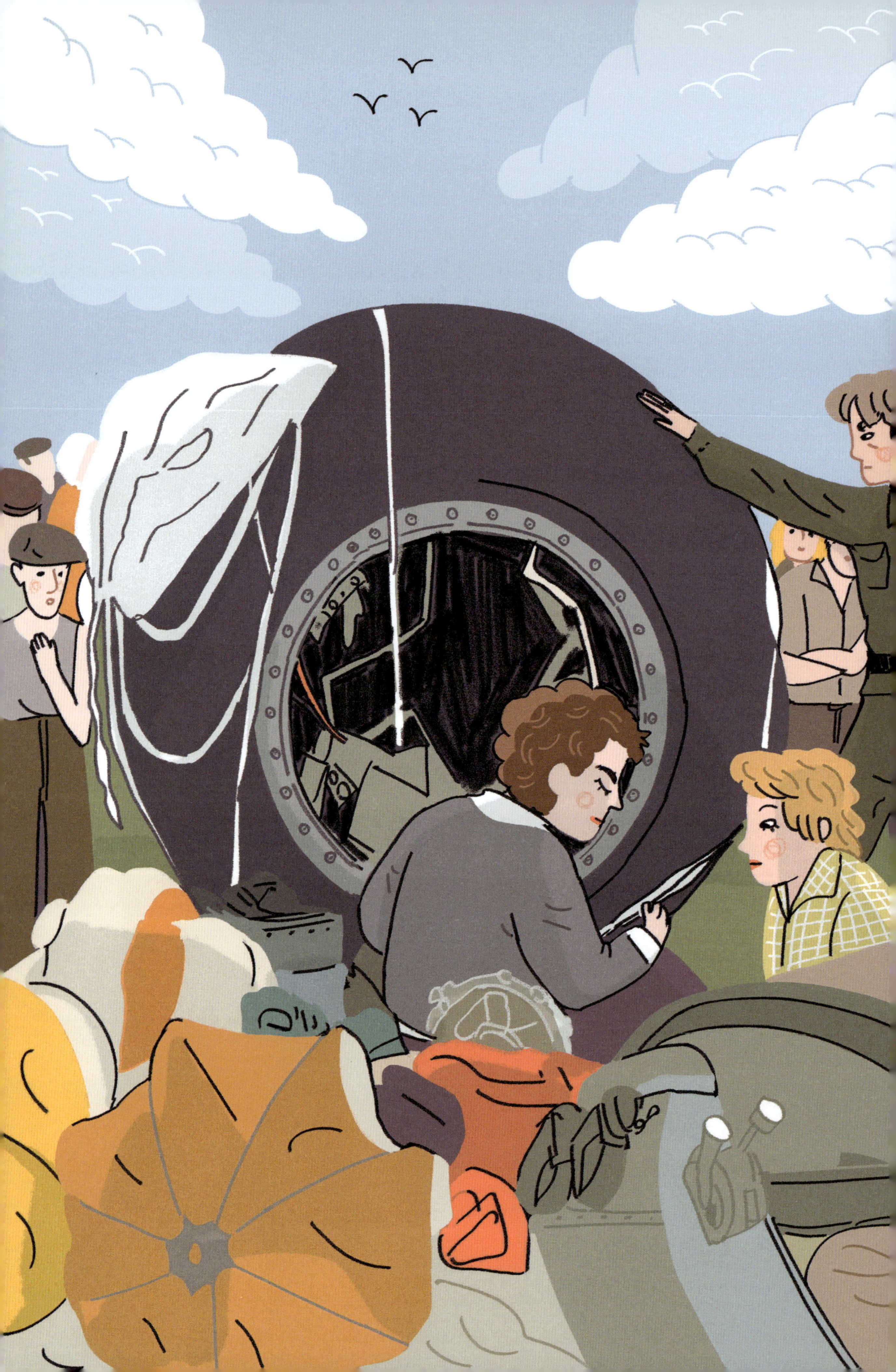

¡Alguien en Moscú se había equivocado al hacer los cálculos! En el cuartel general ruso saltaron las alarmas: científicos, técnicos e ingenieros fueron convocados con la máxima urgencia. Con los datos en la mano, pronto fueron conscientes del peligro y se pusieron a trabajar para corregir el error. Valentina ayudaba desde el espacio, reprogramando el vuelo de regreso sin perder la calma. Avergonzados por lo que había sucedido, le pidieron que no revelara a nadie aquel detalle de la misión. La astronauta cumplió su palabra: durante décadas no dijo ni una sola palabra sobre aquel incidente. Por suerte, los nuevos cálculos resultaron correctos. El Vostok-6 se dirigió a gran velocidad hacia la Tierra, y la pasión de Valentina por el paracaidismo se le reveló muy útil. Fue precisamente un gran paracaídas el que la devolvió a casa. El aterrizaje fue brusco, dificultado por el fuerte viento, y la cosmonauta acabó con un gran moratón en la nariz. No le dio demasiada importancia, porque no era una persona dada a quejarse. Y cuando comprendió que se había salvado, trató de saber dónde había ido a parar. Era primavera y los campesinos de los pueblos trabajaban en los campos. Al ver caer la nave del cielo corrieron hacia ella, intrigados. Le explicaron que se encontraba cerca de la frontera con Mongolia. Los hombres tocaron maravillados las cuerdas del paracaídas, y las mujeres la invitaron a cenar. Valentina pensó que hubiera sido una descortesía rechazar la invitación y se paró a comer en aquel lugar. Luego la llevaron a Moscú, entre grandes celebraciones. La misión había sido un éxito y Valentina, con tan solo veintiséis años, se convirtió en la primera mujer en volar al espacio. Siempre que se lo pedían, ella explicaba que se sentía especialmente orgullosa. No solo había visto la Tierra desde el espacio, sino que también había demostrado que no existen límites a lo que puede hacer una mujer.

Emmeline Pankhurst

Fechas
15 de julio de 1858,
14 de junio de 1928

Lugar de nacimiento
Moss Side, Manchester,
Inglaterra

Quién era
Activista política

Ha pasado a la historia por…

En la Inglaterra de finales del siglo XIX, las mujeres no podían votar. Para Emmeline Pankhurst se trataba de una increíble injusticia, y por esta razón se comprometió a conseguir el sufragio universal, es decir, el derecho de todas las personas a participar en las elecciones. Fue tal su determinación, que llegó a convertirse en todo un símbolo de la lucha por la igualdad de derechos entre hombres y mujeres.

Nuestros derechos

Cuando nació Emmeline, a mediados del siglo XIX, únicamente los hombres tenían derecho a votar y nadie se escandalizaba demasiado con la idea de que, el día de las elecciones, las mujeres se quedasen en casa cosiendo o preparando la cena. Emmeline no podía votar, aunque era una muchacha afortunada: sus padres eran de clase acomodada y gracias a ello pudo viajar al extranjero y estudiar en buenas escuelas francesas. Allí, con el paso de los años, Emmeline cada vez se hacía más preguntas: ¿por qué no podía decidir a qué políticos elegir en el Parlamento inglés? Y, en general, ¿por qué ella tenía menos derechos con respecto a sus compañeros masculinos? Por mucho que reflexionara sobre ello, no se le ocurriría ninguna respuesta sensata.

A principios del siglo xx, Emmeline no era la única que se hacía esas preguntas. Como ella, muchas jóvenes inglesas no hallaban respuestas. Trataron de dirigirse a los políticos: en los mítines, cada vez había más mujeres valientes que levantaban la mano y preguntaban por qué tenían menos derechos que los hombres, pero los políticos en el estrado hacían oídos sordos y cambiaban de tema. A Emmeline aquella situación no le gustaba nada. Por suerte contaba con el apoyo de su madre, que siempre se había mostrado convencida de los derechos de las mujeres, y también del hombre del cual se había enamorado. Richard Pankhurst era un abogado que opinaba como ella y que la animó a defender sus propias ideas. Las mujeres que luchaban por tener derecho a votar eran cada vez más numerosas. Se hicieron llamar sufragistas y empezaron a recorrer las ciudades y los pueblos de toda Inglaterra, explicando su punto de vista a todo el que estuviera dispuesto a escucharlas. Así, acabaron convenciendo a otros muchos para que se unieran a su causa.

Emmeline descubrió que se le daba bien hablar en público. Intervino en mítines y se hizo famosa. Con frecuencia, los Pankhurst invitaban a su casa a intelectuales, políticos y activistas y allí se hablaba de cómo Inglaterra podía llegar a ser un lugar mejor para las mujeres. Cuando fue madre, Emmeline continuó comprometida en su lucha. Enseñó a sus hijas Christabel, Estelle y Adela a exigir los mismos derechos que sus hermanos y a no darse nunca por satisfechas. Pero a pesar de la lucha de las sufragistas, las respuestas de los políticos seguían sin llegar.

Emmeline perdió la paciencia y se convenció de que pidiendo las cosas con educación no se conseguiría nada. En los mítines, pues, comenzó a elevar la voz para hacerse oír, interrumpía a los políticos que hablaban en el escenario, se manifestaba con grandes carteles en los que escribía sus ideas. Una y otra vez llegaba la policía y se la llevaba. A Emmeline no le importaba acabar en prisión toda una noche, se enfurecía de que nadie le hiciera caso. «¡Prefiero ser rebelde antes que esclava!», dijo. Decidió que ningún policía la volvería a intimidar ni la haría callar. Trató de entrar en la Cámara de los Comunes para hablar con el mismo primer ministro, se encadenó en la calle, lanzó piedras contra los escaparates. Terminó en prisión más de una vez, pero aun así no cedió. Estaba convencida de que tenía los mismos derechos que los hombres, y no se rendiría hasta verlos reconocidos por ley. Su nombre aparecía en los periódicos, junto a su fotografía. El hecho de que una mujer de la alta sociedad terminara detenida era un escándalo para la época. Por eso, en Inglaterra las sufragistas se hicieron famosas. Era exactamente lo que deseaba Emmeline: ¡ahora los políticos no podían hacer como si nada y mirar hacia otro lado cuando alguien les hacía una pregunta sobre el derecho a voto de las mujeres!

127

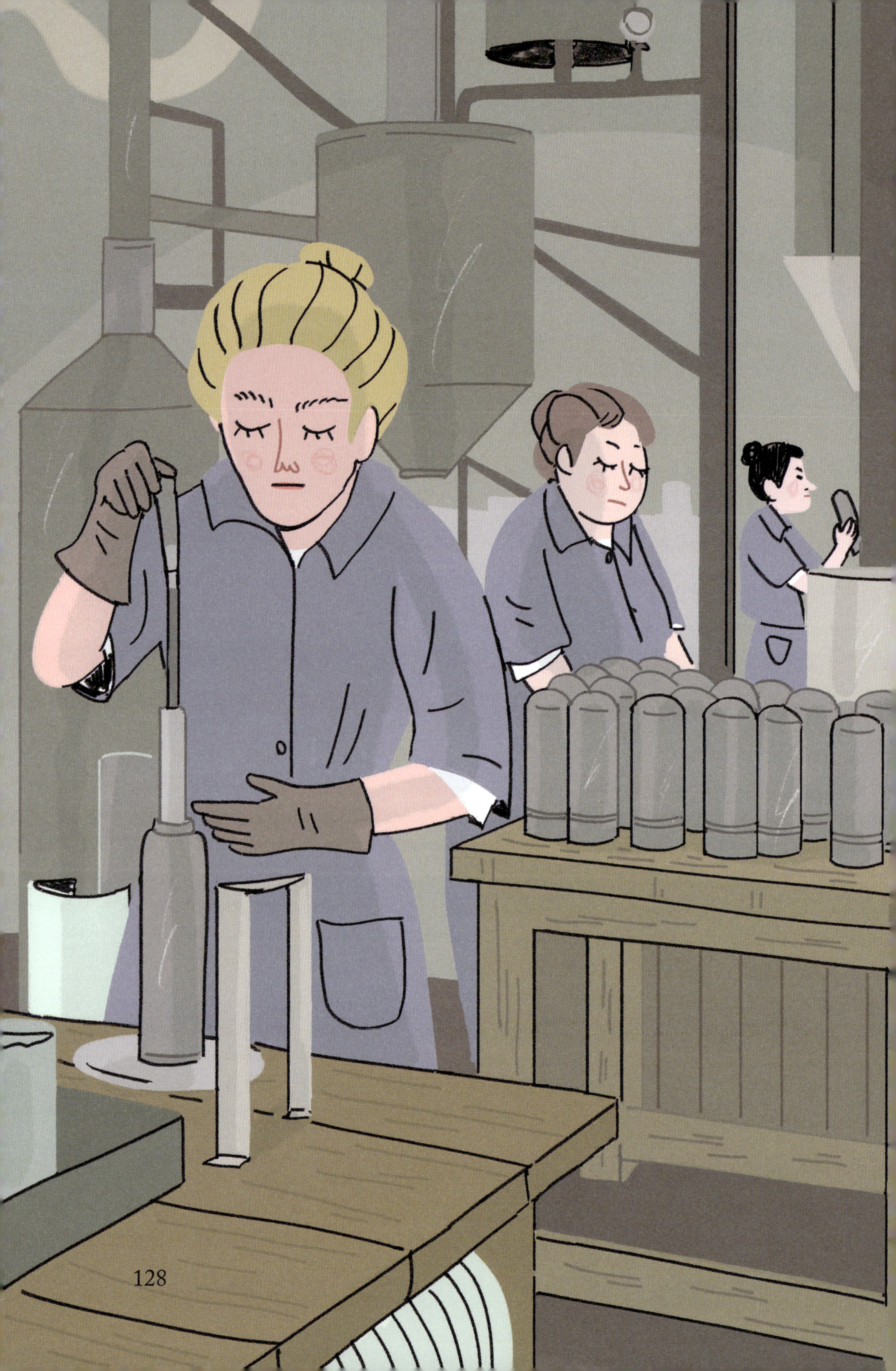

Fue un trágico acontecimiento el que demostró cuánta razón tenía Emmeline al afirmar que las mujeres valían tanto como los hombres. En Europa estalló la Gran Guerra y ellos tuvieron que partir para el frente. Obreros, empleados y doctores abandonaron sus puestos de trabajo para ponerse el uniforme de soldados y luchar contra el enemigo. ¿Y quién podía ocupar su puesto? ¡Las mujeres! Las sufragistas animaron a todas a empeñarse a fondo para sacar adelante el país. Se pusieron los pantalones y empezaron a realizar trabajos que nunca antes habían probado. Demostraron que sabían desenvolverse bien y su esfuerzo fue muy apreciado, incluso por aquellos hombres que preferían tener a su mujer en casa cocinando. Gracias a su empeño, el país superó los duros años de combate. Y cuando por fin llegó la paz, los ingleses habían cambiado de opinión sobre muchas cosas, y a los políticos les fue difícil negar que las mujeres tuvieran derecho a expresar sus propias opiniones. En 1918, una nueva ley concedió el derecho a voto a las mujeres que tenían más de treinta años. Era un primer paso en la buena dirección, pero para Emmeline todavía no era suficiente. Continuó dando mítines y luchando, aunque nunca pudo ver cumplido aquello por lo que tanto había luchado: el voto se amplió a todas las mujeres mayores de edad poco después de su muerte.

Margaret Moth

Fechas
30 de enero de 1951,
21 de marzo de 2010

Lugar de nacimiento
Gisborne, Nueva Zelanda

Quién era
Reportera gráfica de guerra

Ha pasado a la historia por...

A la guerra van los soldados, pero también los periodistas. Ellos son los que narran al mundo la violencia de los campos de batalla, para convencer a las personas de cuánto vale la pena vivir en paz. Margaret era una periodista increíblemente audaz, dispuesta a arriesgar la vida para contar lo que veía.

LA VERDAD ANTES QUE NADA

En los años setenta en Nueva Zelanda había mujeres en los hospitales, dando clases, haciendo funcionar las fábricas, pero ninguna trabajaba como reportera gráfica. Fue así hasta que apareció Margaret Moth. En realidad, su verdadero nombre era Margaret Wilson, pero desde el primer día de escuela se había dado cuenta de que siempre había otra «Margaret» o como mínimo alguien con el apellido «Wilson». Pronto se hartó de tener un nombre tan común.

«Yo escogeré mi nombre», se dijo.

Decidió llamarse Margaret Moth, tomando el nombre del pequeño avión Tiger Moth desde el que se lanzaba en paracaídas para relajarse al final de la jornada. Le iba que ni pintado, porque en su trabajo siempre voló alto y demostró un coraje inusual.

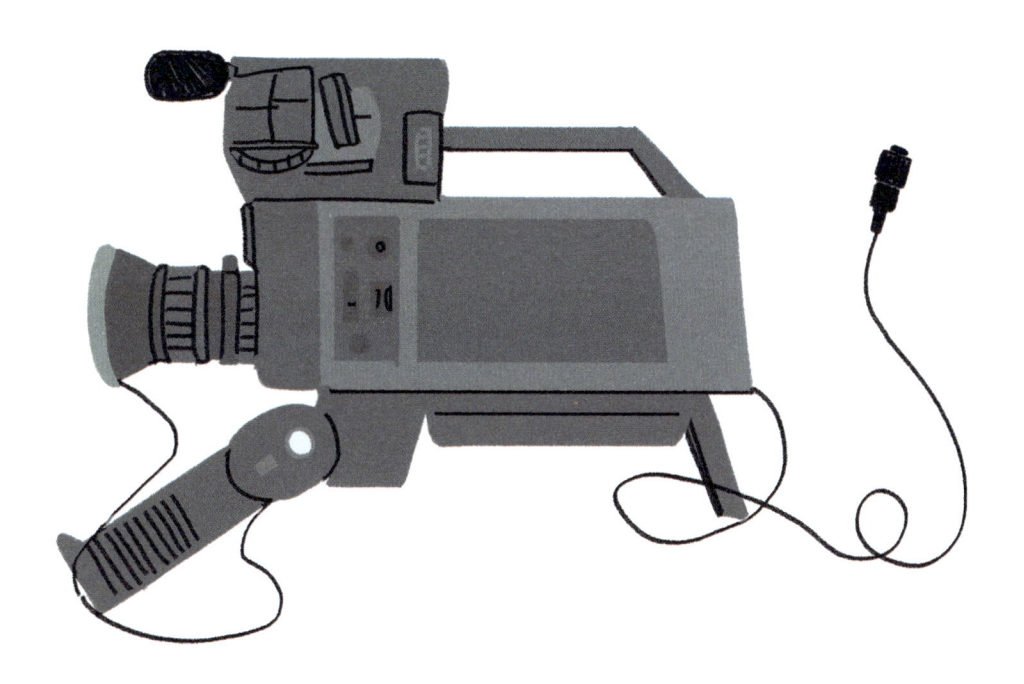

A los ocho años, Margaret había descubierto lo apasionante que era ver el mundo a través del objetivo de una cámara fotográfica. Le gustaba tanto que decidió hacer de ella su profesión, y fue la primera mujer operadora de cámara de la televisión neozelandesa. Pronto destacó por su talento, y desde Estados Unidos le llegó una propuesta de trabajo. Margaret cruzó el océano y empezó a trabajar como corresponsal de la CNN, una de las cadenas de televisión más importantes del mundo. Se encontraba allí cuando, a muchos kilómetros de distancia, en la pequeña región de los Balcanes, estalló la guerra. Su jefe le preguntó si estaba dispuesta a saber lo que estaba ocurriendo allí y mostrarlo en la televisión y en los periódicos. Margaret no dudó ni un momento: estaba lista para partir.

No es fácil explicar la crueldad de la guerra. Para hacerlo comprensible a la gente que estaba en el sofá de su casa viendo tranquilamente la televisión, hacía falta alguien que tuviera el coraje de estar muy cerca de lo que pasaba. Cerca de las bombas, de los disparos, de las explosiones… Margaret lo sabía y estaba dispuesta a asumir ese riesgo. Siempre le había gustado la historia, pero cada vez que leía un libro dedicado a un acontecimiento histórico del pasado se preguntaba cómo debía ser estar allí de verdad. Con sus fotografías y sus vídeos quería responder a esa pregunta. Así, cruzó de nuevo el océano con su cámara de vídeo, esta vez en dirección a los Balcanes.

Margaret llegó a Sarajevo. La ciudad estaba sitiada, rodeada de enemigos apostados en las montañas y armados hasta los dientes. Desde sus escondites los soldados apuntaban sus fusiles contra los habitantes, derribaban los edificios y hacían muy difícil llevar alimentos y medicinas a la ciudad. La vida allí era un auténtico infierno. Margaret conectó su cámara de vídeo y empezó a filmar la guerra. Vestida de negro de pies a cabeza —le gustaba así—, lo filmaba todo. No tenía miedo a nada: cuando los soldados empezaban a disparar, todos los periodistas buscaban protegerse de los proyectiles; todos menos Margaret. Ella permanecía de pie, con la cámara de vídeo en mano. Dormía con las botas puestas, porque conocía bien los riesgos de su oficio y quería estar preparada por si había que salir corriendo, pero amaba su trabajo por encima de todo.

El 23 de julio de 1992, Margaret estaba cruzando una de las calles más peligrosas de Sarajevo en coche con dos compañeros, cuando un soldado disparó y el proyectil le alcanzó en la cara. La herida era muy grave, pero a pesar de la sangre, el dolor y el miedo, Margaret no perdió la calma. Sus compañeros lograron llevarla al aeropuerto y subirla en un avión rumbo a Estados Unidos. La situación era desesperada, pero los cirujanos trabajaron incansablemente. Salió con vida del quirófano, con el rostro completamente vendado e irreconocible. En cuanto recuperó el conocimiento, pidió papel y bolígrafo para escribir: quería saber si los compañeros que iban en el coche con ella se encontraban bien. Cuando le contestaron que sí, dejó ir un suspiro de alivio. Fueron necesarias doce operaciones para arreglar su cara, que ya no volvió a ser nunca la de antes. Pero Margaret tenía cosas más importantes en que pensar.

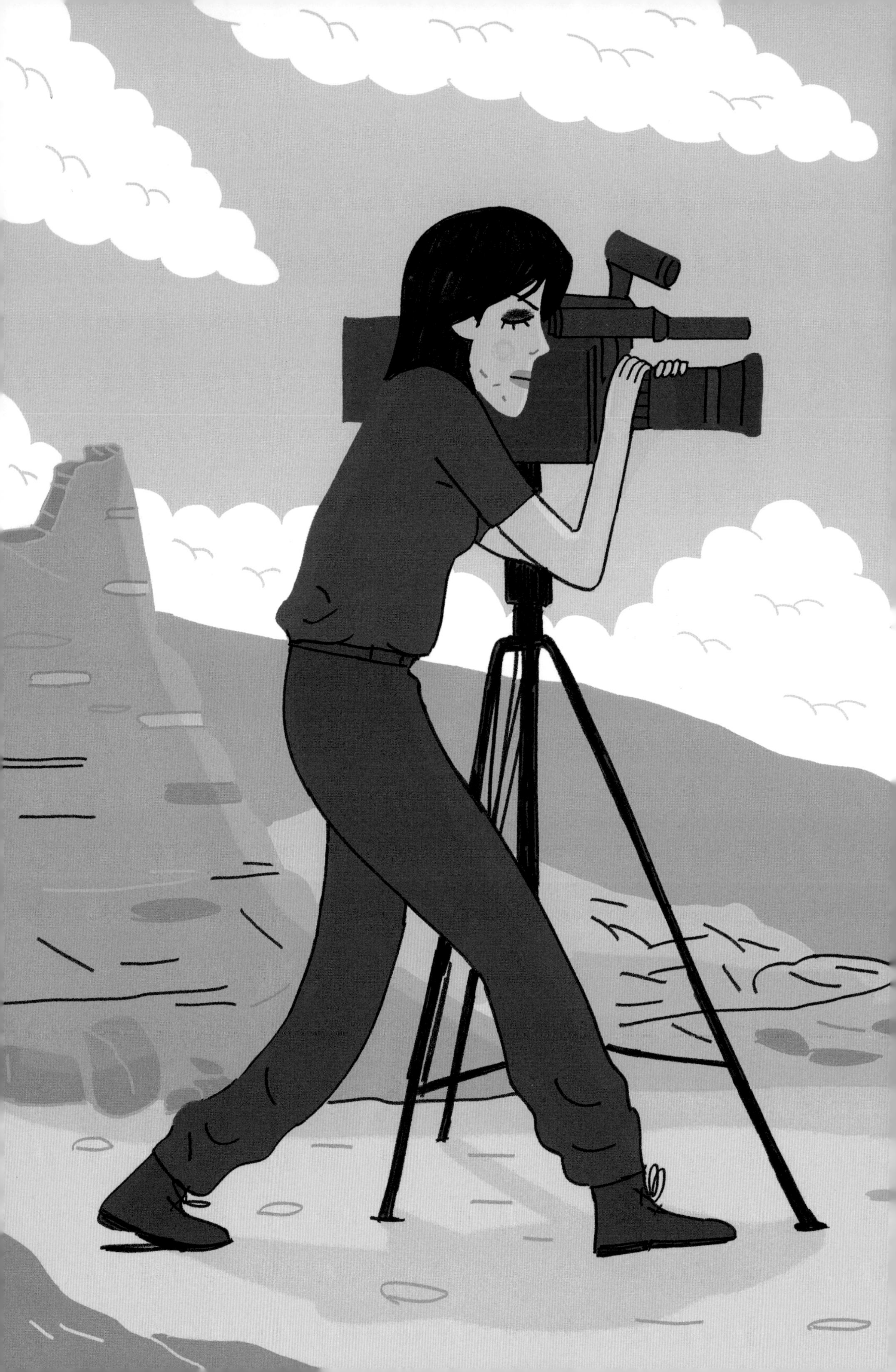

Cuando salió del hospital se dirigió al aeropuerto: quería volver a Sarajevo para seguir trabajando. Algo terrible estaba sucediendo y ella estaría allí para mostrarlo. Gracias a Margaret y a periodistas tan valientes como ella, las fotos y los vídeos de la guerra en los Balcanes y del cerco de Sarajevo llegaron a las pantallas de las televisiones de todo el mundo. Desde los sofás de sus casas, las personas se estremecieron ante aquel nivel de violencia. Empezaron a pedir a los políticos de sus países que intervinieran para poner fin a la guerra. No fue fácil llegar a un acuerdo y convencer a los soldados de quitarse el uniforme, pero a finales de febrero de 1996 se puso fin al asedio a Sarajevo. La ciudad había sido liberada y lentamente volvió la paz. Margaret continuó viajando, con su cámara de vídeo siempre lista para filmar. Explicó que el riesgo de que un nuevo proyectil la alcanzara no le gustaba para nada, pero de todos modos se sentía una privilegiada; asistía a acontecimientos históricos en primera persona y podía contarlos. En realidad, Margaret hizo más que eso: con su trabajo contribuyó a escribir la historia.

Shih Ching

Fechas
Finales del siglo XVIII

Lugar de nacimiento
Provincia de Guangdong, en la costa meridional de China

Quién era
Pirata

Ha pasado a la historia por…

El mayor pirata de todos los tiempos fue… Shih Ching, una pirata china que vivió a finales del siglo XVIII. Comandó una enorme flota de miles de hombres y plantó cara al emperador y a su ejército. Poseía increíbles riquezas y gobernaba gracias a un código de reglas ideado por ella misma.

El terror de los mares

Shih Ching vivía en Cantón, una gran ciudad abierta al mar, y su vida hubiera sido como la de tantas otras muchachas chinas si un día no hubiera conocido a Cheng Yi. En aquellos tiempos, él era un pirata temido por su ferocidad y respetado por su audacia. Hacía poco que había puesto pie en tierra para descansar después de una de sus incursiones, cuando en un local vio a aquella chica de aspecto dulce. En seguida se enamoró de ella, y como el romanticismo no era su fuerte, en vez de intentar conquistarla regalándole flores, ordenó a uno de sus piratas que la raptara y la llevara a bordo del barco.

«¡Quiero que te conviertas en mi mujer!», le ordenó Cheng Yi.

En el local donde trabajaba, Shih Ching ya había tratado con déspotas. Estaba acostumbrada a aquellos tipos maleducados y no se acobardó.

«Seré tu mujer solo si demuestras que me amas de verdad: déjame comandar una de tus tres flotas», le dijo.

Cheng Yi se quedó muy impresionado con aquella respuesta, porque nadie hasta entonces se había atrevido a discutir una orden suya. Se enamoró aún más de aquella chica, la puso al mando de decenas de piratas, le regaló la mitad de sus riquezas y se casó con ella. Shih Ching era una joven con grandes capacidades. Consiguió poner de acuerdo a primos, tíos y sobrinos piratas de su marido y en pocos años el número de navíos bajo sus órdenes creció enormemente y se convirtió en la mayor flota que había surcado nunca los mares de China.

Cuando Cheng Yi falleció en una tormenta en el mar, ella en seguida buscó la manera de ocupar el puesto de su esposo como jefe supremo. La familia confiaba en ella y aceptó que tomara el mando de la flota. Se encontró, así, dirigiendo centenares de barcos con miles de piratas, entre ellos muchas mujeres y niños. Para no perder el control de la situación, Shih Ching se sentó en el escritorio de su cabina y empezó a escribir un código de normas. Tenían que ser fáciles de comprender, de modo que lo resumió todo en un simple concepto: ella estaba al mando, había que cumplir todas sus órdenes y cualquier acto de desobediencia se castigaría con la muerte. Su código funcionó perfectamente.

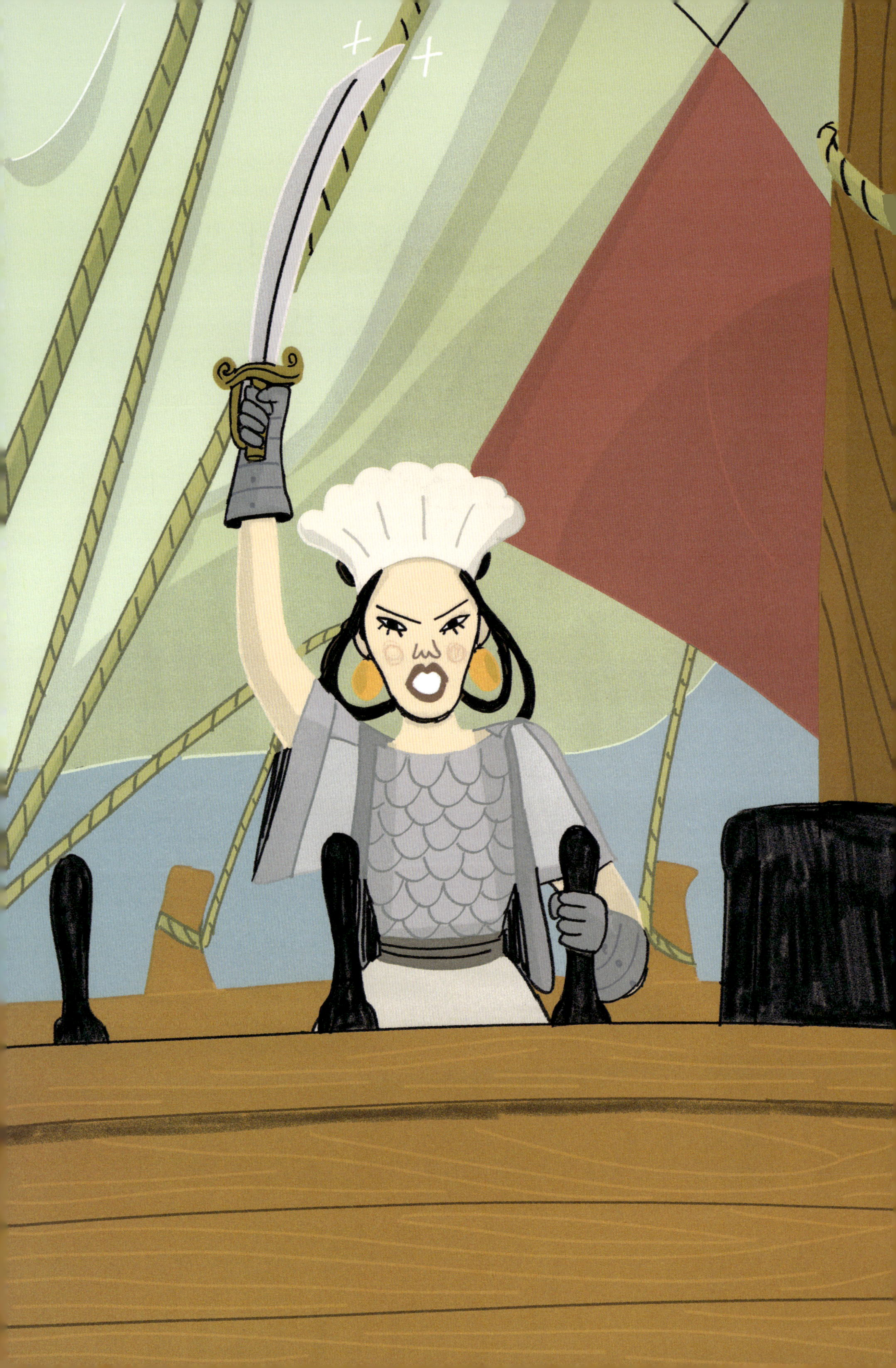

La flota de Shih Ching llegó a dominar el mar. Todos los veleros que pasaban por allí debían pagar un impuesto a la pirata para no ser atacados. Los pueblos de la costa estaban sujetos a las mismas condiciones: tenían que pagar una contribución para evitar saqueos y robos. En compensación, los hombres de Shih Ching garantizaban el orden en la región. Cada botín se repartía equitativamente, y a bordo también se distribuían las tareas. Algunos se ocupaban de las provisiones y de cocinar, otros de la limpieza, o de cuidar a los enfermos y heridos. Los piratas podían casarse y ser padres. Seguían viviendo en los barcos, trabajando al servicio de la pirata. Shih Ching llegó a ser una mujer tan poderosa que el emperador chino empezó a temerla y envió decenas de navíos llenos de soldados para derrotarla. Pero el plan no funcionó porque ella logró convencerlos para que se unieran a su ejército. Cada vez más asustado, el emperador pidió ayuda a los soldados ingleses y portugueses. Durante dos años se sucedieron batallas feroces, pero parecía imposible derrotar a los piratas. Entonces, el emperador cambió de estrategia: se rindió y prometió a Shih Ching que perdonaría todos sus crímenes y la dejaría vivir en paz donde ella quisiera con el tesoro acumulado durante tantos años. Ella aceptó y sus piratas regresaron a tierra, libres. Recibió un título nobiliario y abrió un local, y durante muchos años más vivió como una mujer rica y respetada.

Marie Curie

Fechas
7 de noviembre de 1867,
4 de julio de 1934

Lugar de nacimiento
Varsovia, Polonia

Quién era
Química y física

Ha pasado a la historia por…

Inteligente y aficionada a la ciencia, Marie Curie trabajó durante años como institutriz y posteriormente abandonó su país para vivir en Francia, con el objetivo de poder estudiar. Sus esfuerzos no fueron en vano: Marie realizó importantes descubrimientos que revolucionaron la medicina, se convirtió en una referencia para el mundo de la ciencia y fue premiada con dos premios Nobel.

Un gran amor por la ciencia

Los señores Skłodowska se quedaban a menudo sorprendidos de la inteligencia de su hija Marie. Ya desde niña hacía cosas increíbles: aprendió a leer sola y estaba fascinada por las matemáticas y la ciencia. Era la mejor en todas las escuelas por las que pasaba, tenía una memoria sorprendente y entendía las clases sin esfuerzo alguno. Pero en la Polonia de principios del siglo XX ser inteligente no bastaba, sobre todo para una chica. Los rusos habían ocupado el país y la vida para los polacos era dura: no podían hablar su propia lengua y tenían que respetar las leyes y las tradiciones de los rusos. Entre ellas, una que Marie no soportaba: las chicas no podían estudiar en la universidad. El hecho de querer ser científica ni siquiera se planteaba.

La familia Skłodowska no era rica y Marie tuvo que buscarse un trabajo para ayudar en casa. Fue a una oficina de empleo, donde le dijeron que con aquel aire suyo tan serio sería perfecta para hacer de institutriz. Le encontraron un empleo en casa de los Zorawski, una familia acomodada que vivía fuera de Varsovia. Para Marie, dejar la ciudad era un sacrificio enorme, pero no tenía alternativa, porque el salario que le ofrecían era bueno. Marie dejó de estudiar y durante seis larguísimos años trabajó como institutriz, cuidando de la casa y los niños. Su vida era, pues, muy distinta de la que había soñado. La situación empeoró cuando el primogénito de la familia para la que trabajaba se enamoró de ella. Marie correspondía a ese sentimiento, pero los señores prohibieron el matrimonio entre el hijo y la criada. Les parecía una relación inadecuada. Y así Marie se resignó al triste destino que la vida parecía haberle reservado, hasta el día en que su hermana Bronia se enamoró de un artista francés y se mudó a París.
Marie y Bronia siempre habían estado muy unidas: Marie era tan seria como bulliciosa y extrovertida su hermana. Completamente diferentes entre sí, desde niñas se habían ayudado y apoyado ante cualquier adversidad
«¡Ven a París, estarás con nosotros!», le propuso Bronia, entusiasmada.
Marie había ahorrado bastante dinero como para pagarse el billete del tren, de modo que renunció al trabajo y abandonó Polonia. Tenía veinticuatro años y aquel cambio le daba nuevas esperanzas: podría reanudar sus estudios, licenciarse en una carrera, escoger un trabajo que le gustase de verdad…

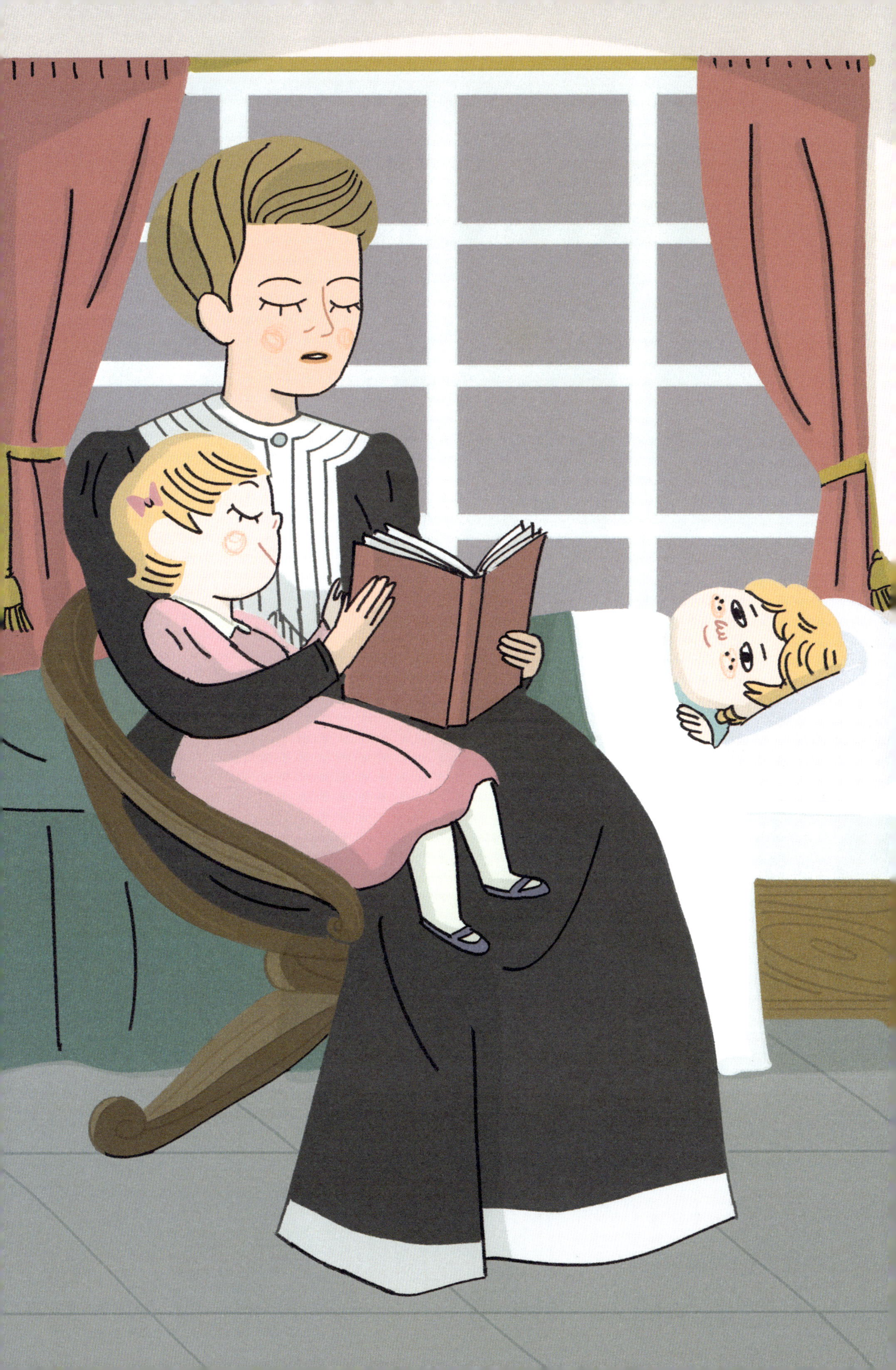

¡París! La gran ciudad maravilló inmediatamente a Marie: era enorme, animada, llena de tranvías eléctricos que no existían en ninguna otra parte. Los hermanos Lumière habían inventado el cine y el ingeniero Eiffel construía una altísima torre que se erguía sobre la ciudad y parecía tocar el cielo. ¡En París todo parecía posible! Además, allí las jóvenes podían estudiar lo que quisieran, y solo eso ya la hacía irresistible. Vivir en un país extranjero no era fácil, había que aprender a arreglárselas uno solo y hablar el idioma, pero las dificultades no asustaban a Marie. Se matriculó en la prestigiosa Universidad de la Sorbona, decidida a licenciarse en Física, una materia muy difícil y poco apreciada por las chicas de aquella época. Marie era una de las poquísimas estudiantes mujeres, pero a ella no le importaba, ya que tenía a su disposición algunos de los mejores científicos y estudiosos del mundo.

No faltó a ninguna clase, se preparó para todos los exámenes con gran dedicación y pronto demostró que estaba entre las mejores estudiantes. Se licenció con excelentes notas en Física y Matemáticas. Pero Marie seguía teniendo curiosidad y era ambiciosa: mientras los compañeros químicos catalogaban los elementos presentes en la naturaleza en la tabla periódica, ella estaba convencida de que había otras cosas por descubrir. Sin embargo, para continuar sus estudios necesitaba un laboratorio. Le aconsejaron que pidiera ayuda a Pierre Curie, un joven inteligente y amable. En él encontró el laboratorio donde proseguir sus investigaciones, pero también a un compañero de estudios y a un marido. Los dos se casaron, y Marie Skłodowska se convirtió en Marie Curie.

Hacía poco que se habían descubierto los rayos capaces de fotografiar los huesos de una persona, los rayos X, y los científicos de todo el mundo estaban entusiasmados con aquella increíble novedad. Marie también celebró el descubrimiento, pero luego se puso a buscar un tema completamente nuevo, algo que nadie se hubiera planteado aún. Finalmente lo encontró: un mineral que se comportaba de un modo insólito sin que nadie supiera explicar por qué. Escondido allí dentro había algo que todavía no tenía un nombre. Ella y Pierre analizaron quintales de minerales, en busca del elemento misterioso. Para ellos no había nada más romántico que los días que pasaban juntos entre alambiques y probetas. Tuvieron éxito en su empeño: aislaron dos átomos nuevos.

Eran el radio y el polonio, llamados así en honor al país donde había nacido Marie. En 1903 Marie Curie ganó el premio Nobel de Física, por haber descubierto la radioactividad, y posteriormente ganó otro, el Nobel de Química, por haber identificado los nuevos átomos. Sus descubrimientos fueron fundamentales para la medicina, y gracias a Marie se encontraron nuevos tratamientos para graves enfermedades que hasta entonces no tenían cura. Fue la primera mujer en impartir un curso en la Sorbona, la universidad donde había estudiado, y cuando estalló la guerra inventó las máquinas de rayos X que ayudaron a curar a los soldados en la trinchera. Marie no patentó nunca sus descubrimientos —si lo hubiera hecho se hubiera convertido en millonaria— y prefirió cederlos en beneficio de todos.

CALAMITY JANE

Fechas
1 de mayo de 1852,
1 de agosto de 1903

Lugar de nacimiento
Missouri, Estados Unidos

Quién era
Aventurera

Ha pasado a la historia por...

El Lejano Oeste americano no era un lugar para las chicas: los buscadores de oro eran aventureros a menudo violentos, y los malhechores rondaban por los pueblos buscando ocasiones para sus fechorías. Calamity Jane, sin embargo, no tenía miedo de nada ni a nadie. Le gustaba vivir como los hombres y entró a formar parte de la leyenda por su valentía y su carácter decidido.

La muchacha del oeste

Enormes praderas salvajes, caminos por los que viajar a caballo protegiéndose de los bandidos, pueblos frecuentados por buscadores de oro y aventureros: el «Salvaje Oeste» no era un lugar tranquilo. Los que abandonaban las ciudades en la costa y llegaban al Oeste a menudo escapaban de algo o no tenían nada que perder. Los pioneros que se aventuraban a través del continente se desplazaban en largas caravanas tiradas por caballos, armados para defenderse de los ataques de los indios. Justamente en una de esas caravanas se encontraba la joven Martha Jane Cannary con su familia. El viaje era largo y peligroso, y no todos los pioneros que partían llegaban a su destino, entre ellos los señores Cannary. La joven Martha tuvo que acabar apañándoselas sola. Aceptaba cualquier trabajo que le ofrecieran en los pueblos donde llegaba: de cocinera, camarera, mayordoma... Pero cuanto más tiempo pasaba, más se convencía de que la aventura estaba hecha para ella. Para empezar, decidió que Martha era un nombre poco adecuado, y pasó a llamarse Calamity Jane.

Aquellos años en el Oeste no eran ni tranquilos ni pacíficos. Todos los pioneros que se desplazaban hacia allí invadían y ocupaban tierras que durante siglos habían pertenecido a los indios. Los indígenas de América y los recién llegados se enfrentaban en una guerra despiadada. Quienes no combatían iban en busca de filones de oro para enriquecerse y se adentraban hasta las regiones más remotas y salvajes. Quienes no excavaban en las minas esperaban la ocasión para atracar a algún buscador de oro y llevarse el botín. Los pueblos del Oeste eran pequeños, polvorientos y poblados básicamente por hombres sin escrúpulos. Salvo el salón y el banco, casi no había nada más. Sin lugar a dudas, aquel no era el mejor lugar para una chica huérfana. Calamity no sabía leer ni escribir y solo contaba con su fuerte carácter. Encontró trabajo en una familia cuidando niños, pero la vida doméstica no estaba hecha para ella, y pronto renunció al puesto.

La vida de las mujeres de aquella época era dura, los trabajos que podían encontrar eran muy pocos. Si no era como enfermera o maestra, no quedaban muchas opciones más. Al no encontrar empleos que le gustasen, Calamity Jane tomó una decisión: se comportaría como un chico. Empezó a vestirse como un hombre y a llevar pantalones, aunque en muchas poblaciones aquello era ilegal. Aprendió a disparar con la pistola, a cazar y a cabalgar a la perfección. Bebía como un *cowboy* y tenía un carácter rebelde. Para hacerse respetar explicaba que había luchado valientemente contra los indios. Muy pocos la creyeron, decían que eran historias inventadas, pero aun así su nombre se hizo famoso.

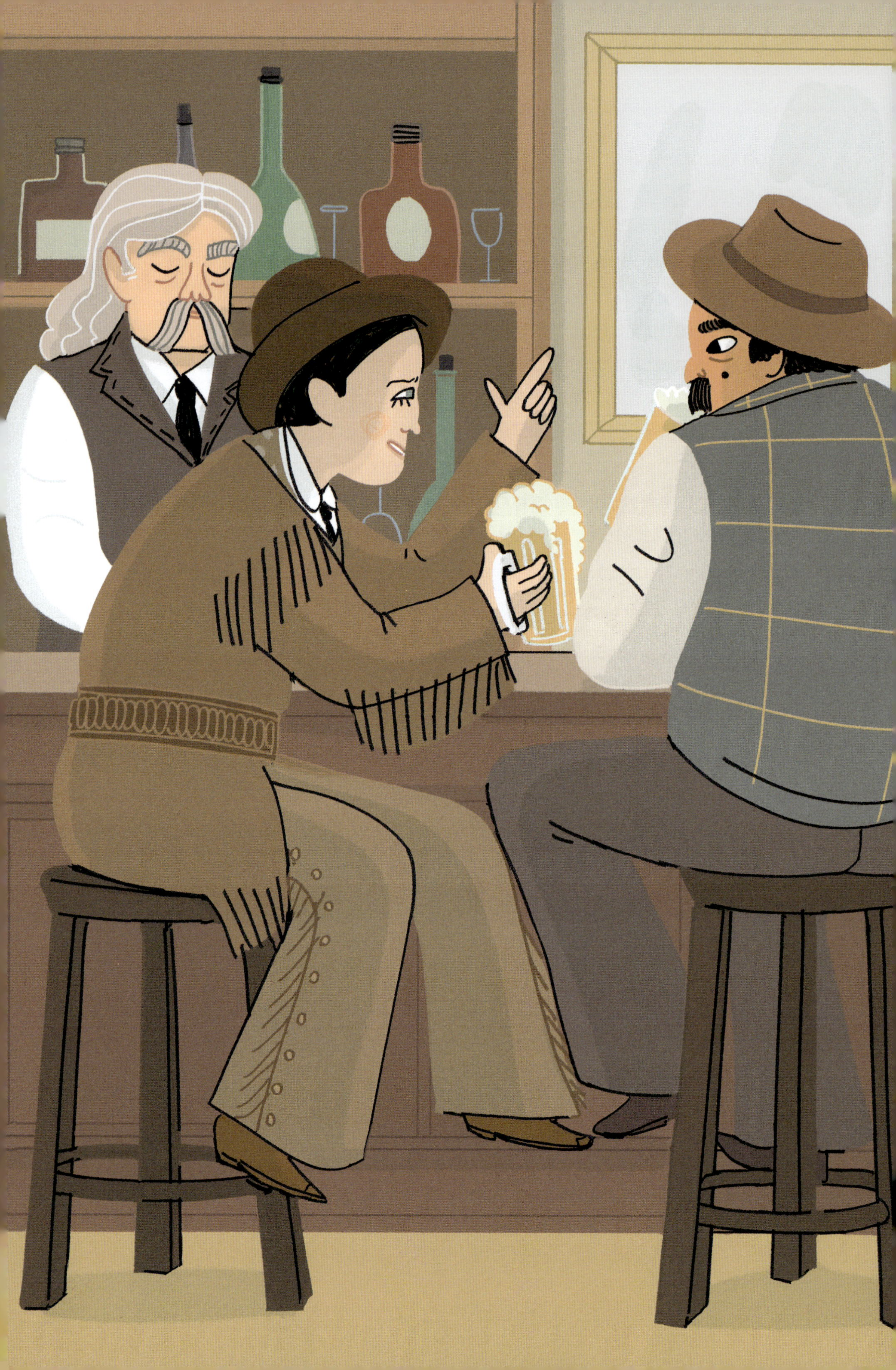

Viajó durante toda su vida. Pasaba unos meses en el mismo pueblo, pero cuando se aburría, montaba a caballo y se iba en busca de aventuras. Al contrario que la mayoría de mujeres de su tiempo, pensaba que no necesitaba un marido, aunque se enamoró del único pistolero que le podía plantar cara: se llamaba Wild Bill Hickok, y en aquellos tiempos era toda una leyenda. Se había enfrentado a un oso con sus propias manos, había detenido a la banda de forajidos más despiadada y había luchado con el ejército. En su tiempo libre jugaba a cartas y apostaba mucho dinero. Probablemente fue en uno de aquellos salones donde jugaba al póquer donde conoció a Calamity Jane. Ella en seguida se sintió atraída por el cowboy, y a quien se lo preguntaba le decía que era su marido. Pero Wild Bill no era un tipo familiar, así que pronto partió en busca de nuevas aventuras. Había dejado huella en el corazón de la mujer más valiente de su tiempo. Y ella, cuando sintió que se aproximaba su fin, pidió que la enterraran junto a aquel amor de su vida. Muchas de las historias que se refieren a Calamity Jane probablemente fueron inventadas por ella misma. Escribió una biografía para explicar su vida en la que puso mucha imaginación de su parte. Contó que había conocido a personajes famosos de la época y que había ayudado a célebres generales en la guerra contra los indios. Quién sabe si Calamity, sentada en la barra del salón de algún polvoriento pueblo del Oeste, se inventaba historias sobre su propia vida para ganarse el respeto de los hombres que conocía. Seguro que había comprendido que, para que una mujer pudiera vivir en libertad en el salvaje Oeste, tenía que ser extraordinaria.

Bebe Vio

Fechas
4 de marzo de 1997

Lugar de nacimiento
Venecia, Italia

Quién es
Deportista de esgrima, campeona paralímpica mundial y europea

Ha pasado a la historia por...

Después de haber perdido brazos y piernas por culpa de una terrible enfermedad, Bebe podía deprimirse definitivamente o bien reaccionar. Escogió luchar más todavía para poder hacer realidad sus pasiones, en primer lugar el deporte. Con su éxito en los Juegos Olímpicos, Bebe se convirtió en un símbolo de lo que una persona puede lograr con mucha tenacidad.

LA VICTORIA MÁS BONITA

Con once años, Bebe ya había dado sobradas muestras de que tenía un carácter fuerte: si se le metía algo en la cabeza no había forma de detenerla. Era imparable, enérgica, nunca se estaba quieta. Con todo, un día empezó a encontrarse mal. En el hospital, los médicos la examinaron de arriba abajo y, después de muchos análisis, comprobaron que se trataba de una terrible enfermedad: la meningitis.

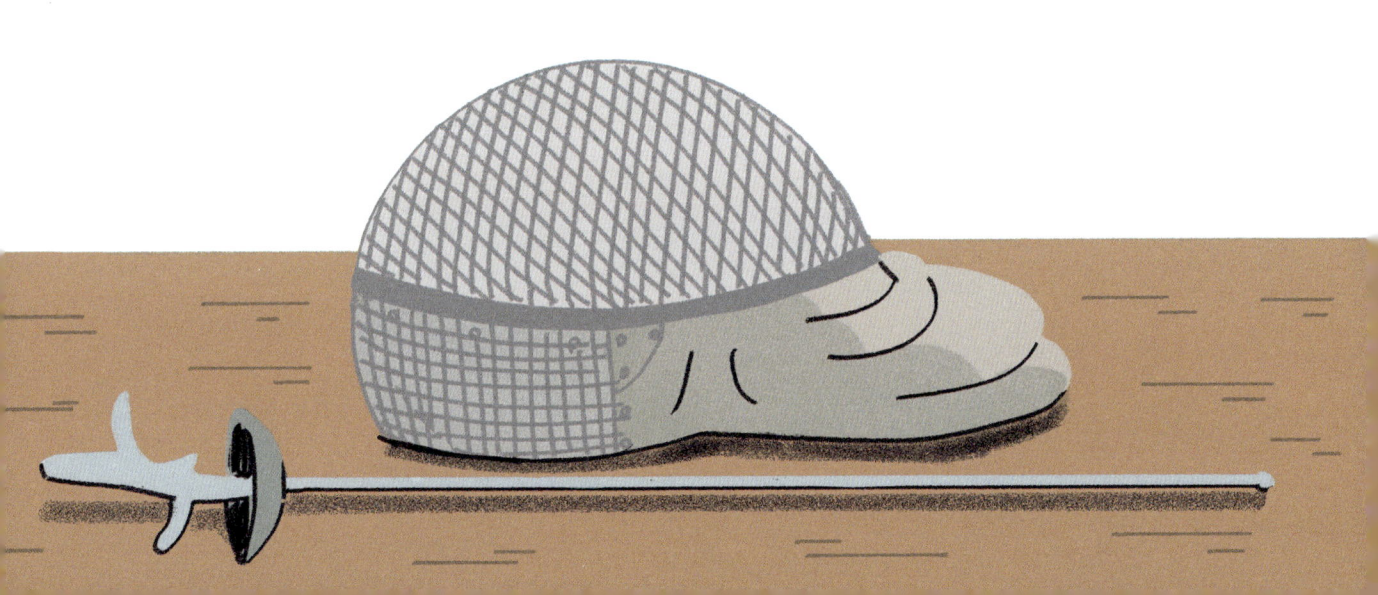

Inmediatamente le dieron las medicinas más fuertes que existían y después le administraron anestesia para que no sintiera dolor. Bebe durmió durante siete días seguidos, y cuando despertó se dio cuenta de que le esperaban malas noticias.

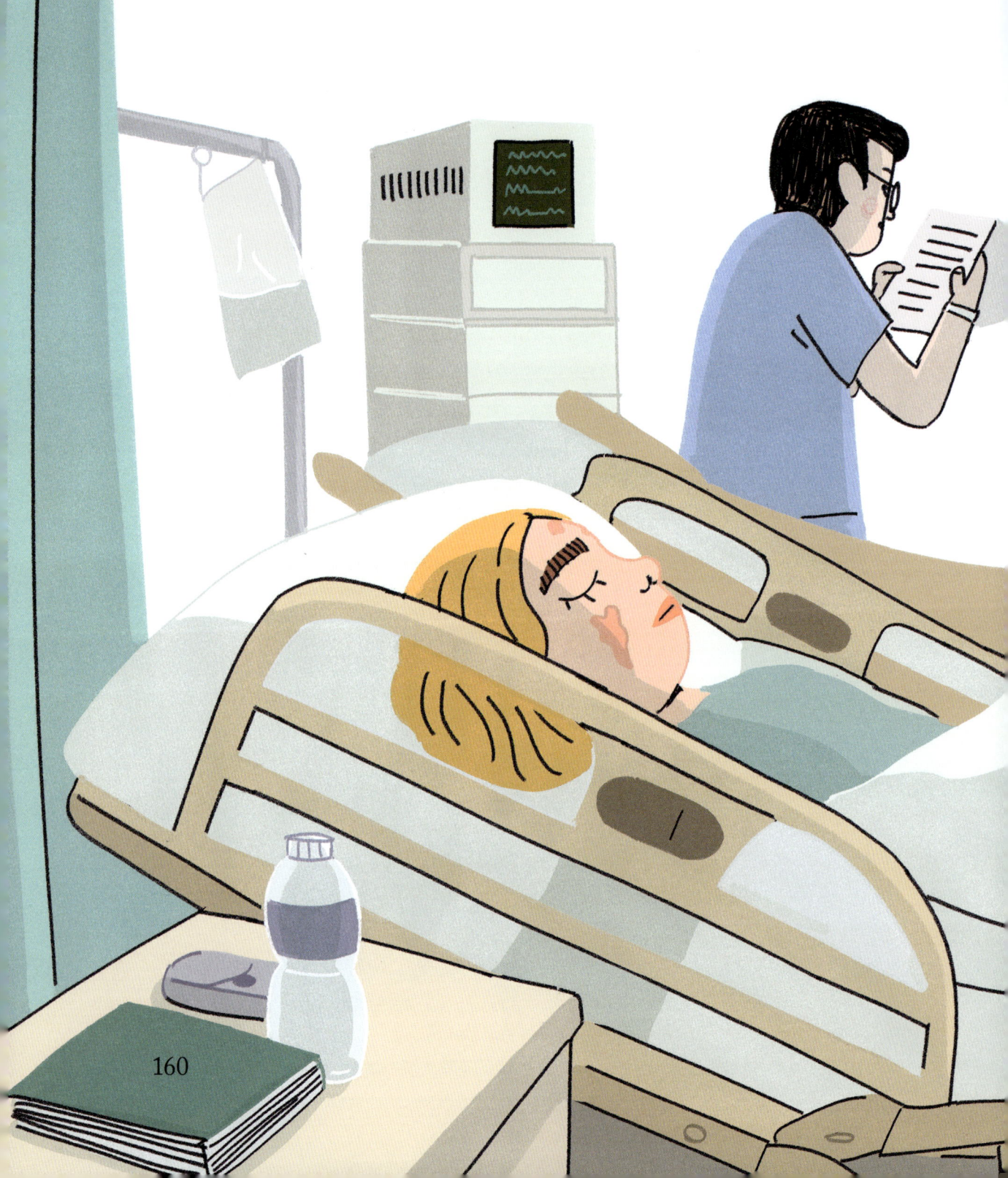

«La meningitis ha dañado para siempre tus manos», le explicaron. Para salvarle la vida, era necesario entrar en el quirófano cuanto antes. Bebe, después de una larga operación, salió sin brazos. Sus piernas también habían quedado afectadas, de modo que tuvo que renunciar igualmente a ellas. Los doctores la operaron más veces, para arreglar la piel enferma y curar todo lo que fuera posible. Bebe seguía viva, pero una parte importante de su cuerpo ya no estaba. Después de ciento cuatro días, lo peor había pasado, podía abandonar el hospital y regresar con su familia. Estaba contenta de volver a casa, pero a la vez estaba desesperada por lo sucedido. Lloró y se enfadó como lo habría hecho cualquiera. Las heridas le dolían, tenía que medicarse varias veces al día, pero lo peor era pensar en todo lo que ya no podría hacer.

Un día, mientras su padre le estaba curando las heridas, Bebe sintió que ya no podía más.

«No quiero vivir así», dijo furiosa. Trató incluso de tirarse de la cama, sin pensar que solo se habría hecho más daño.

El señor Vio dejó las gasas, la miró y le aconsejó que dejase de lamentarse y que disfrutase de lo que tenía, porque la vida era maravillosa. Bebe reflexionó unos instantes. Y sí, la idea de tirarse de la cama ya no le pareció tan buena. Se acordó de lo que le habían comentado los doctores: muy pocos sobrevivían a su enfermedad. Así que podía considerarse afortunada, dentro de la desgracia.

Pensó en las personas queridas, que siempre estaban a su lado para ayudarla. Se acordó de sus grandes pasiones, a las que ahora tenía que renunciar. Entre ellas, sin duda, la esgrima. ¿Y si, por el contrario, hubiera una forma de volver a empuñar una espada incluso sin brazos ni piernas? Sonaba como una misión casi imposible, pero a Bebe siempre le habían gustado los retos… Para empezar, hacía falta volver a aprenderlo todo desde el principio: caminar, subir y bajar las escaleras sin caerse, usar los cubiertos, incluso lavarse los dientes. Bebe aprendió a utilizar los nuevos brazos y las nuevas piernas que habían fabricado a propósito para ella. Con la ayuda de su familia y con una gran voluntad, logró volver casi a la vida de antes. Solo que, en aquellos momentos, eso ya no bastaba. Ahora se había propuesto volver a practicar la esgrima.

Explicó su idea a los doctores, que la miraron perplejos: no estaban seguros de que eso fuera posible. Entonces pidió unas prótesis especiales para poder sujetar la espada; era una petición extraña, pero se las construyeron a medida. Con sus nuevos brazos, Bebe volvió al gimnasio, sin miedo a tener que bajar a la pista en la silla de ruedas. Se dio cuenta de que el deporte la hacía sentir bien y que continuaba divirtiéndose. Se entrenó tanto que acabó siendo mejor atleta que antes, cuando tenía brazos y piernas. Sus entrenadores sabían que quizá un día podría aspirar a entrar en el equipo de la selección de su país. Bebe estaba convencida de ello. ¡Y tenía razón! Primero llegaron los campeonatos europeos, en los que ganó dos medallas de oro. «Es una emoción increíble, habrá que repetir la experiencia cuanto antes», pensó. Después vinieron los campeonatos mundiales. Al finalizar el último año de escuela, Bebe, como todos los estudiantes, tuvo que prepararse a conciencia para aprobar el examen de bachillerato: se pasaba horas y horas estudiando y repasando los libros. Pero además tenía otra cita importantísima: ¡los Juegos Olímpicos de Río!
En Brasil, Bebe conquistó la medalla de oro. Apareció en las primeras páginas de los periódicos, y todos hablaron con orgullo de la deportista luchadora que agitaba la bandera italiana desde el peldaño más alto del podio. Bebe se convirtió en una celebridad. Fue invitada a la Casa Blanca, a una cena de gala con el presidente Obama. Presentó un programa de televisión, fundó una asociación para acercar el deporte a los chicos que habían vivido una historia similar a la suya, puso todo su empeño en dar a conocer la enfermedad que contrajo a los once años, con la esperanza de que a ningún niño le volviera a pasar lo mismo que a ella. Lo afrontó todo con la misma sonrisa, que se convirtió en símbolo de su determinación y de sus ganas de no perder ni siquiera un segundo de vida.
Hoy Bebe está segura de una cosa: su padre tenía razón, la vida es maravillosa.

165

Inge Feltrinelli

Fechas
24 de noviembre de 1930,
20 de septiembre de 2018

Lugar de nacimiento
Göttingen, Alemania

Quién era
Reportera gráfica y editora

Ha pasado a la historia por...

Después de una vida llena de aventuras, viajes y encuentros con personas interesantes, la joven fotógrafa alemana Inge Schönthal conoció a un atractivo editor milanés y se enamoró de él. Así se convirtió en la señora Feltrinelli. Demostró un talento increíble, y supo dirigir su editorial también en los momentos difíciles.

La
REPORTERA GRÁFICA
Y EL ESCRITOR

Lo bueno de la aventura es que sabes de dónde partes pero no puedes prever dónde te hallarás al final. Y la joven Inge era sin duda una chica enamorada de la aventura. Vivía en Alemania, un país que recientemente había salido de una guerra y luchaba contra la pobreza. Sabía que más allá de Göttingen, donde vivía, había todo un mundo por explorar. Existían personas interesantes, países distintos, grandes ciudades, y no quería perderse nada de todo ello. Así pues, se montó en su bicicleta y llegó a Hamburgo, donde empezó a trabajar como asistente de un fotógrafo. De día aprendía el oficio, y de noche dormía en la trastienda del laboratorio. Se quedó allí hasta que la cámara fotográfica ya no tuvo ningún secreto para ella.

Había llegado el momento de partir.

Llegó a Nueva York, donde tuvo la suerte de fotografiar a una elegante señora sonándose la nariz parada en un semáforo: era la famosa actriz Greta Garbo. Ofreció aquella instantánea a la prestigiosa revista *LIFE*, que decidió comprarla. Era su primer trabajo importante. Inge siguió publicando sus fotografías, viajó, hizo nuevos amigos y conoció a muchas personas interesantes. Entre ellas a un importante editor alemán llamado Rowohlt, que un día le pidió un favor: ir a la isla de Cuba para intentar convencer a un famoso escritor americano de que aceptase a un nuevo traductor para sus libros.

Aquella misión estaba rodeada de un halo de aventura e Inge aceptó. Partiendo de Nueva York cruzó Estados Unidos en un destartalado autobús hasta Miami, donde descubrió que los billetes a Cuba eran demasiado caros para ella. No se desanimó y buscó un avión más económico que salía desde otra población más pequeña. Para llegar tuvo que pedir a dos taxistas que la llevaran a toda velocidad hasta el aeropuerto. Inge pudo al fin despegar rumbo a La Habana. En la deslumbrante ciudad caribeña alquiló una habitación en un hotel económico. Era un alojamiento modesto, pero no le dio importancia. Para explorar tenía la isla entera, tan diferente de cualquier otro lugar que hubiera conocido hasta aquel momento. Durante dos semanas, los encargados del hotel llamaron a la casa del escritor y trataron infructuosamente de obtener una cita. Por fin, una mañana le anunciaron que el señor Ernest Hemingway le llamaba:

«Puedo enviar un coche a recogerla», se ofreció el escritor.

«Prefiero coger el autobús», contestó Inge.

«Como quiera. ¡Pero no se olvide de traer bañador!»

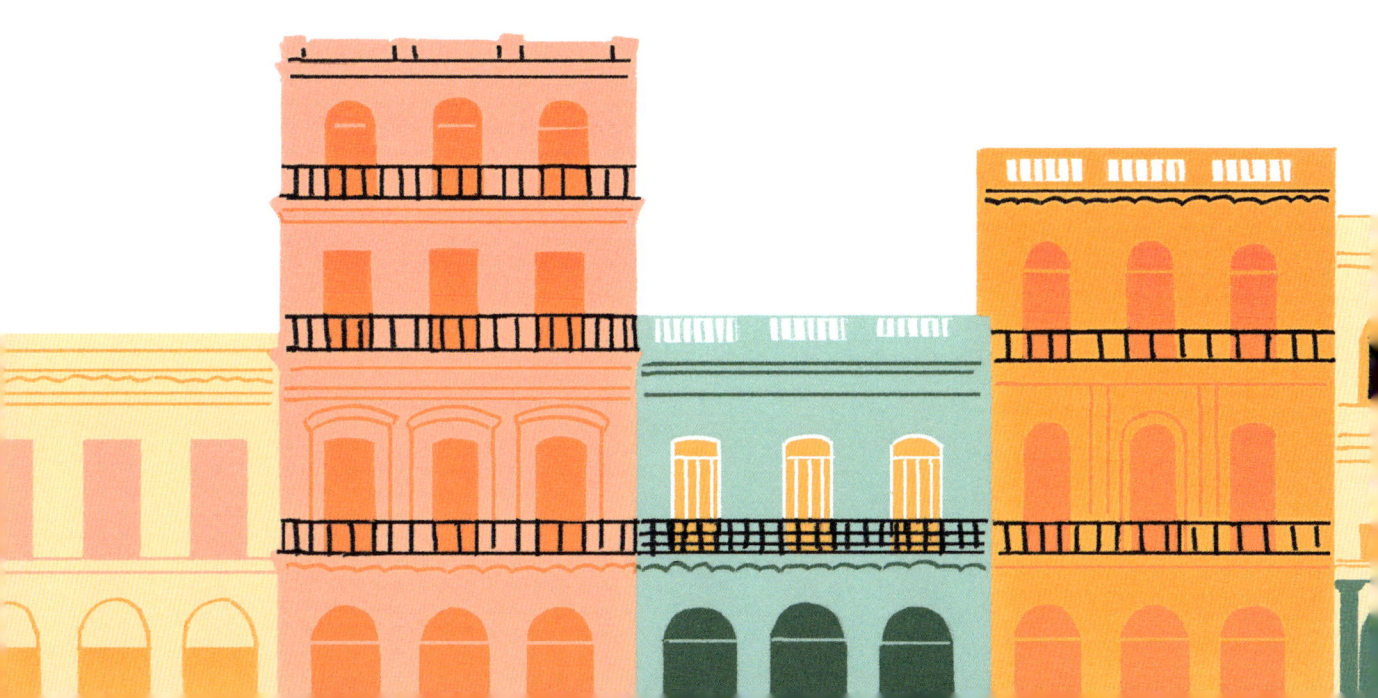

Inge se quedó dos semanas en la Finca Vigía, una gran villa fuera de La Habana, donde Hemingway se había ido a vivir con su esposa y muchos gatos que les hacían compañía. Ella era una joven fotógrafa que mostraba un gran entusiasmo por su trabajo, y él era un escritor famoso, un verdadero maestro. Sus novelas eran muy admiradas, traducidas y leídas en todo el mundo, y la gente hablaba de él como de una leyenda. Quizá porque siempre había alguien que deseaba conocerlo o descubrir cuál sería su próximo libro, el escritor no soportaba a los periodistas, ni tener que someterse a preguntas ni a sesiones fotográficas. Era reservado, arisco. Pero las maneras de Inge lo conquistaron y los dos se hicieron amigos. El escritor llevó a la reportera gráfica a sus lugares preferidos: a cenar en los mejores restaurantes de la isla y al bar donde lo trataban como a uno más. Hemingway se encerraba a menudo en su estudio para trabajar en una nueva novela, y entonces Inge paseaba por la villa o se iba a la playa. Cuando no escribía, al esquivo escritor le encantaba ir a pescar. «Ven conmigo, me harás compañía», le decía. Conocía a los pescadores cubanos más expertos y en el puerto era como uno más de ellos. Inge se subía a la barca con su cámara, siempre a punto para tomar una foto.

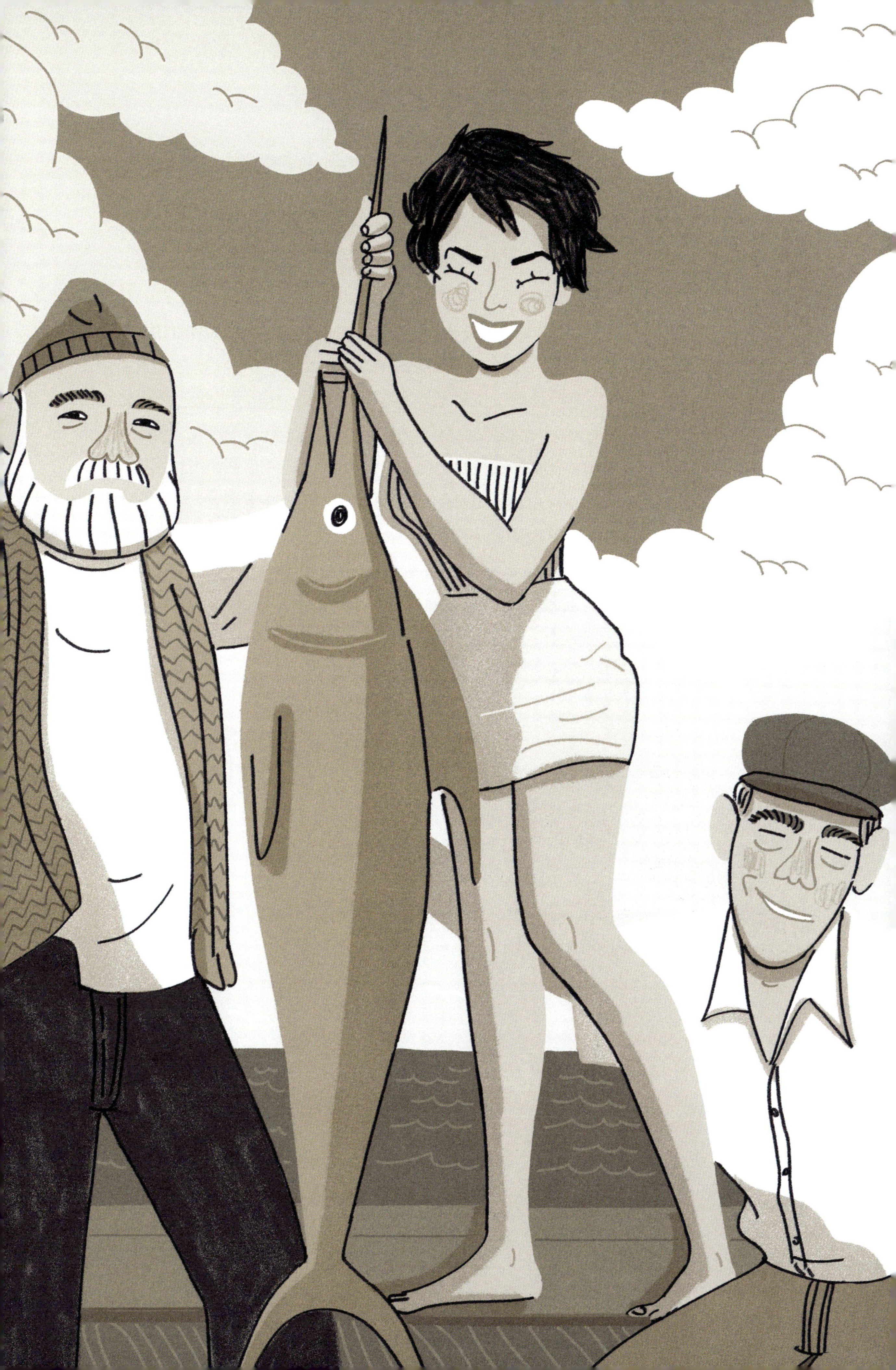

Ciertamente, ella no se parecía a ninguno de aquellos periodistas tan serios que incordiaban a Hemingway. No lo trataba como una celebridad, y si tenía algo que decirle no se cortaba. El día en que lo vio tirar distraídamente unas monedas a los pies de un mendigo, no se pudo contener: «¡Qué gesto tan irrespetuoso! ¡Ni siquiera has mirado a la cara a aquel pobre hombre!», le reprochó al escritor. Él se ofendió, pero en el fondo sabía que la chica tenía razón. Quizá fue justamente su franqueza la que conquistó la simpatía de Hemingway. Inge tomó fotos durante los quince días que pasó en la Finca Vigía. Él la dejaba hacer, sin refunfuñar como de costumbre. Así, la joven logró inmortalizar al artista como nadie antes.

Al volver a Nueva York con sus carretes, ella se dio cuenta de que aquel viaje a Cuba podía cambiarle la vida. Las fotos del escritor arisco eran únicas: dieron la vuelta al mundo, se publicaron en los periódicos más importantes y le permitieron conocer a pintores, escritores y políticos. El nombre de la joven alemana adquirió notoriedad y llegaron nuevos trabajos y viajes a países lejanos. Fue de regreso de uno de aquellos viajes cuando el amigo que la había enviado a Cuba la invitó a una fiesta. Allí conoció a un hombre especial, alguien que estaba convencido de que los libros podían ayudar a mejorar el mundo. Inge se enamoró de Giangiacomo Feltrinelli y lo siguió a Milán, en donde dejó de lado la fotografía y demostró tener un gran talento también para descubrir los libros más especiales y los escritores más brillantes. Publicó libros durante muchos años, y trabajó con la misma dedicación, curiosidad y pasión que la habían llevado muchos años atrás a Cuba con una cámara fotográfica colgada del cuello. Después de haber sido una gran fotógrafa se convirtió en una gran editora, y demostró así que la aventura también consiste en no tener nunca miedo a cambiar.

Rosa Parks

Fechas
4 de febrero de 1913,
24 de octubre de 2005

Lugar de nacimiento
Alabama, Estados Unidos

Quién era
Activista política
y símbolo del movimiento
por los derechos civiles

Ha pasado a la historia por…

En 1955, en algunas ciudades de Estados Unidos las personas de color tenían menos derechos que las demás. Una de las muchas normas que hacían más difíciles y humillantes sus vidas era la que los obligaba a ceder el asiento en el autobús a los ciudadanos «blancos». Las cosas cambiaron el día en que Rosa Parks dijo «basta», y no se levantó.

Negro y blanco

En un frío día de diciembre, en Montgomery, Alabama, una multitud de personas esperaba el autobús, de pie en la parada. A un lado estaban situados los pasajeros de piel negra, y al otro hacían cola los que tenían la piel clara. Era la hora en que la gente salía de las oficinas y las fábricas, y seguro que no resultaba fácil encontrar asiento. Rosa estaba cansada, la jornada de trabajo había sido larga y solo deseaba descansar un poco durante el trayecto de regreso a casa. Y encima le dolían los pies, así que cuando subió al autobús y encontró un asiento libre se puso muy contenta. Por desgracia, en Montgomery estaba en vigor una ley que obligaba a las personas de color a levantarse para dejar el sitio a los blancos. Y Rosa era una joven de piel oscura.

En 1955, Estados Unidos no era un lugar fácil donde vivir para las personas de color. Rosa ya había entendido desde niña que el tono de su piel era lo que la hacía diferente: un autobús llevaba a los estudiantes blancos a la escuela, mientras ella tenía que ir a pie. Sabía que aquello no era justo, aunque en Alabama todos aceptaban que las cosas fueran así: los blancos en un lado y los negros en el otro. Había barrios separados, escuelas distintas, trabajos en los que solo contrataban a blancos. En las bibliotecas, los restaurantes y los bares existían espacios para blancos y espacios para negros. Incluso las fuentes de agua no eran compartidas: en unas podían beber los blancos y en otras los negros. Que dos personas de diferente color de piel pudieran enamorarse y casarse era impensable. Es más, lo mejor era que no fueran ni siquiera amigos.

Era muy humillante, porque a los blancos siempre les tocaba lo mejor —las mejores escuelas, los mejores barrios, los hospitales más equipados— y los negros tenían que conformarse. Cuanto mayor se hacía, Rosa más se convencía de sufrir una injusticia. Con diecinueve años se enamoró de Raymond, un chico que opinaba como ella, convencido de que todos los ciudadanos deberían tener los mismos derechos. Estaban enamorados y eran felices, pero cada día se enteraban de cómo algunos amigos habían sido detenidos injustamente, acusados de crímenes que no habían cometido, golpeados por la policía solo por el hecho de ser negros. Rosa estaba enfadada, pero aguantaba. Hasta que llegó aquel día de diciembre, en que se subió al autobús para volver a casa.

En unas pocas paradas, el autobús se llenó y el conductor se levantó de su asiento para cambiar el cartel que separaba los sitios para blancos de los que eran para negros, y aumentar así el número de asientos para los ciudadanos privilegiados. Ahora, Rosa se encontraba sentada donde no tenía que estar. El conductor pidió a los pasajeros de color que se levantaran, pero nadie se movió. Insistió y alzó la voz. Los tres viajeros que se sentaban junto a Rosa obedecieron a regañadientes. Nunca se sabía qué podía pasar si contravenías las leyes de Montgomery. Un asiento, sin embargo, permaneció ocupado. Rosa no se había levantado. Y no tenía ninguna intención de hacerlo.

Estaba cansada de la jornada de trabajo, pero de pronto no era el cansancio lo que le pareció importante para quedarse donde estaba. Rosa estaba harta de sufrir injusticias y vejaciones. Ya no podía soportar más que fuera el color de su piel lo que decidiera cuáles eran sus derechos como ciudadana americana.
«No creo que deba levantarme», dijo Rosa.
El conductor no tenía ninguna simpatía por los negros y aún menos por aquella mujer que le estaba dando problemas.
«Si no se levanta, llamaré a la policía», amenazó.
«Hágalo», contestó Rosa.
Finalmente llegó un policía para arrestarla. Y cuando Rosa le preguntó por qué lo hacía, él solo contestó que «la ley es la ley y se tiene que respetar».

Rosa acabó en prisión por no ceder el asiento a un pasajero de piel blanca. Fue tratada como una delincuente: le tomaron las huellas digitales y le hicieron una foto para la ficha policial. Cinco días después un juez estudió rápidamente su caso y en media hora la declaró culpable. Decidió que Rosa tenía que pagar una cuantiosa multa. Mientras tanto, entre la comunidad negra de Montgomery se había divulgado la noticia de lo sucedido. Justo después de la detención de Rosa, en los barrios negros circularon miles de octavillas pidiendo a la gente que boicoteara el autobús urbano.

¡NO SUBÁIS AL AUTOBÚS COMO PROTESTA
POR LA DETENCIÓN DE ROSA PARKS!
¡COGED UN TAXI O ID A PIE!
POR FAVOR, NEGROS DE TODAS LAS EDADES,
NO COJÁIS EL AUTOBÚS.

Así, el lunes en que Rosa acabó ante el juez, los autobuses cruzaron la ciudad vacíos. Hacía mal tiempo, pero ni siquiera la lluvia logró disuadir a los cuarenta mil afroamericanos de Montgomery. La protesta siguió adelante las semanas siguientes. Durante 381 larguísimos días, los negros de la ciudad prefirieron desplazarse a pie, a pesar de que algunos tenían que caminar muchos kilómetros por la mañana y por la tarde. Quienes disponían de coche llevaban a los amigos, los que conducían taxis ofrecían descuentos. Durante más de un año, los autobuses se quedaron estacionados en los aparcamientos, y las arcas de la compañía se vaciaron. Los ciudadanos negros de Montgomery siguieron caminando hasta que finalmente cambiaron las leyes: el asiento quedaba garantizado para todos sin distinción de raza.

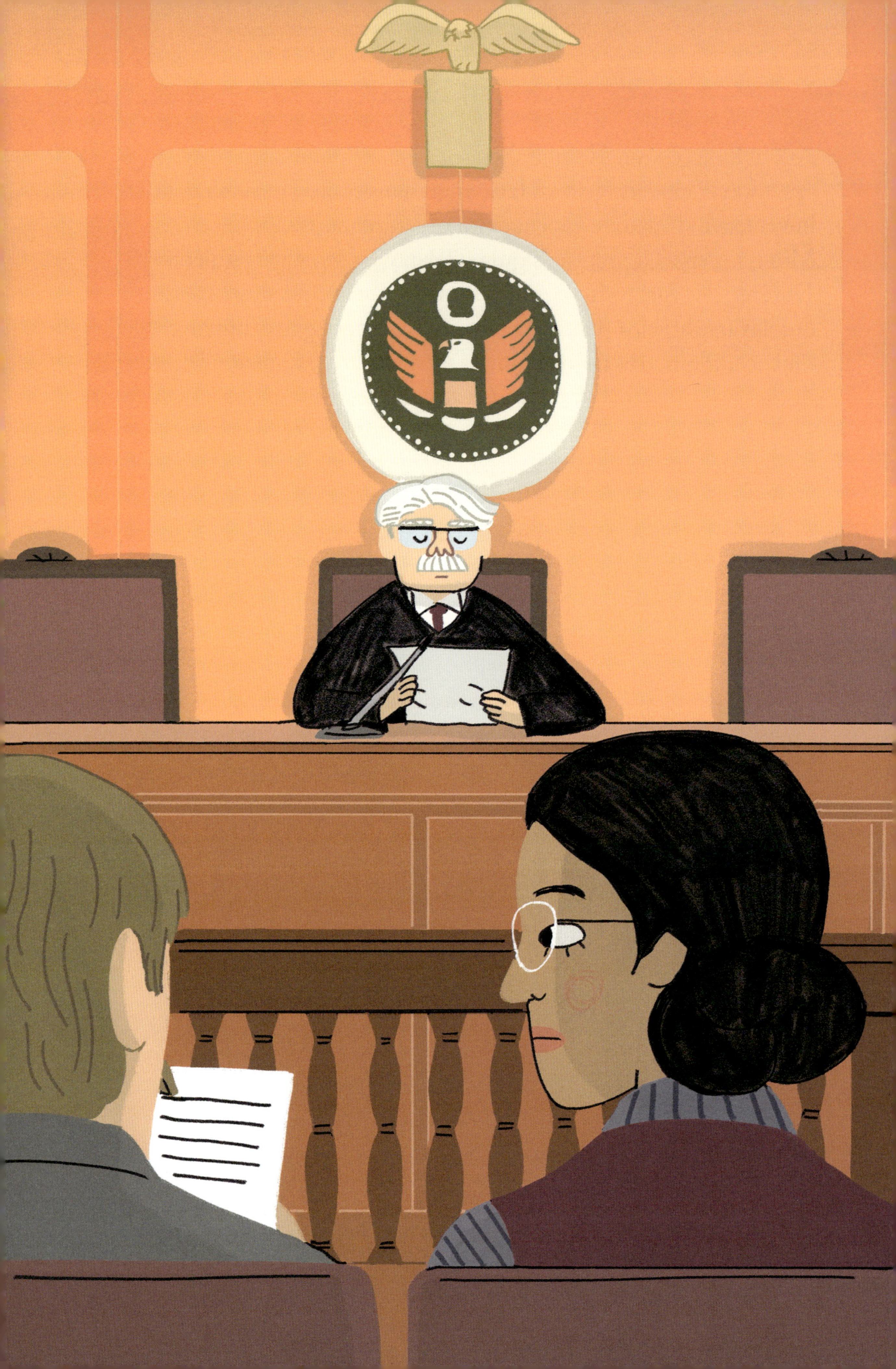

Rosa estaba convencida de que tenía la razón, sabía que había sufrido una nueva injusticia delante del juez y quería demostrarlo. Si había violado la ley de la ciudad de Montgomery era porque era injusta y había que cambiarla. Después de conocer la increíble reacción de sus conciudadanos negros, decidió continuar su lucha ante los jueces y los tribunales americanos. Presentó un recurso para impugnar la sentencia que la había declarado culpable. Ahora Rosa Parks era famosa y se había convertido en un símbolo de todas las luchas emprendidas por los ciudadanos de color para obtener los mismos derechos que los blancos.

Un año después de aquella tarde en que se había negado a levantarse, los jueces de la Corte Suprema de Estados Unidos se pusieron de acuerdo en afirmar que separar a las personas por el color de su piel era injusto. Rosa tenía razón: había que cambiar las leyes de Montgomery.

El camino para borrar las diferencias entre blancos y negros todavía era largo, y muchos otros ciudadanos valientes tuvieron que luchar y sacrificarse. No obstante, Rosa había demostrado que cada uno de nosotros, incluso con un gesto tan simple como no levantarse del asiento de un autobús, puede cambiar las cosas y contribuir así a hacer del mundo un lugar más justo.

J. K. Rowling

Fechas
31 de julio de 1965

Lugar de nacimiento
Yate, Inglaterra

Quién es
Escritora

Ha pasado a la historia por…

Joanne Rowling tenía una gran pasión por la escritura y muchos problemas: estaba sin trabajo, tenía una niña pequeña a la que cuidar ella sola y pocas ideas para resolver esta situación. Cuando empezó a escribir la historia que tenía en mente, no imaginaba que se llegaría a publicar ni, aún menos, que apasionaría y entretendría a millones de lectores de todo el mundo.

Un libro para cambiar la vida

Las cosas no iban nada bien para Joanne. No estaba contenta con el rumbo que había tomado su vida. Se había divorciado de su marido después de haber pasado dos años bastante infelices en Portugal. Cambiar de país no había sido una buena idea, así que cuando se quedó sola, Jo decidió regresar a Edimburgo, en Escocia, llevándose consigo a su pequeña Jessica. Se sentía muy triste y a menudo dudaba de poder encontrar una solución a sus problemas. Solo había un momento del día en el que se sentía mejor: era cuando podía sentarse en las mesitas del Elephant House, observar el castillo de la ciudad a lo lejos, al otro lado de las vidrieras, y escribir…

Para escribir disponía de tiempo, porque estaba en paro. Esta situación la obligaba a gastar poco y a tener que vivir con el subsidio de desempleo, un pequeño sueldo que el gobierno inglés daba a los más desfavorecidos. A la espera de encontrar algún trabajo, se dedicaba a su manuscrito, cuyo protagonista era un niño desdichado. Sobre este tema, Joanne sabía de qué hablaba, porque su infancia tampoco había sido fácil. Había crecido en una casita en la periferia, igual que la del protagonista de su historia. Allá donde terminaba el barrio empezaba un bosque al que iba a pasear, soñando con personajes fantásticos. Iba allí a menudo, porque en casa siempre acababa discutiendo con su padre, que tenía un carácter huraño.

Sentada en las mesas del Elephant House, Jo inventó una historia fantástica llena de personajes mágicos, hechizos y protagonistas perspicaces que, juntos, afrontaban cualquier dificultad. Escribir no le costaba demasiado, porque desde niña se divertía inventando cuentos. Así, página tras página, llegó al último capítulo del libro. Ninguno de sus problemas se había resuelto —todavía estaba en el paro, sin un céntimo y con una niña pequeña a la que cuidar—, pero por lo menos tenía un manuscrito entre las manos.

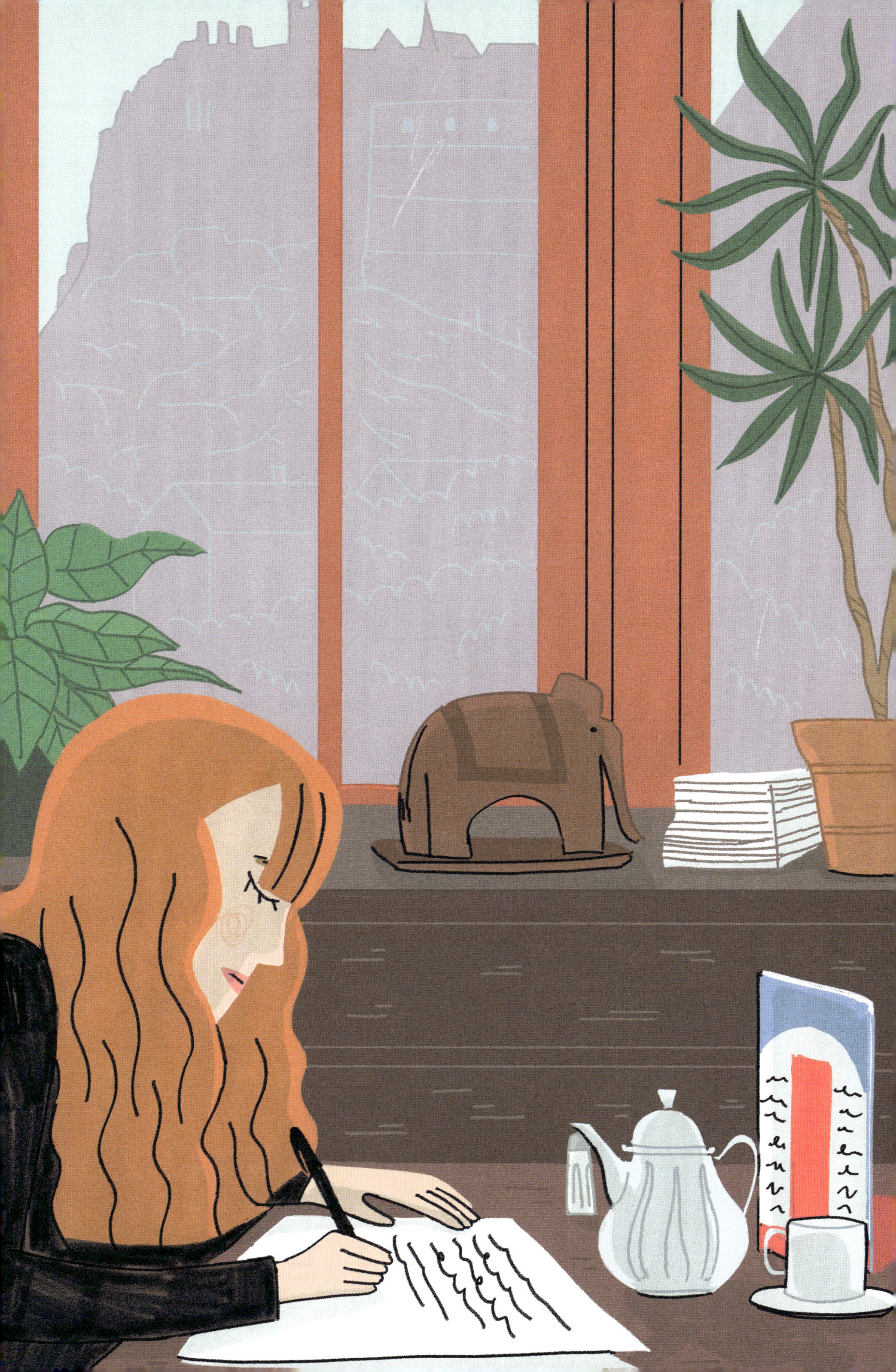

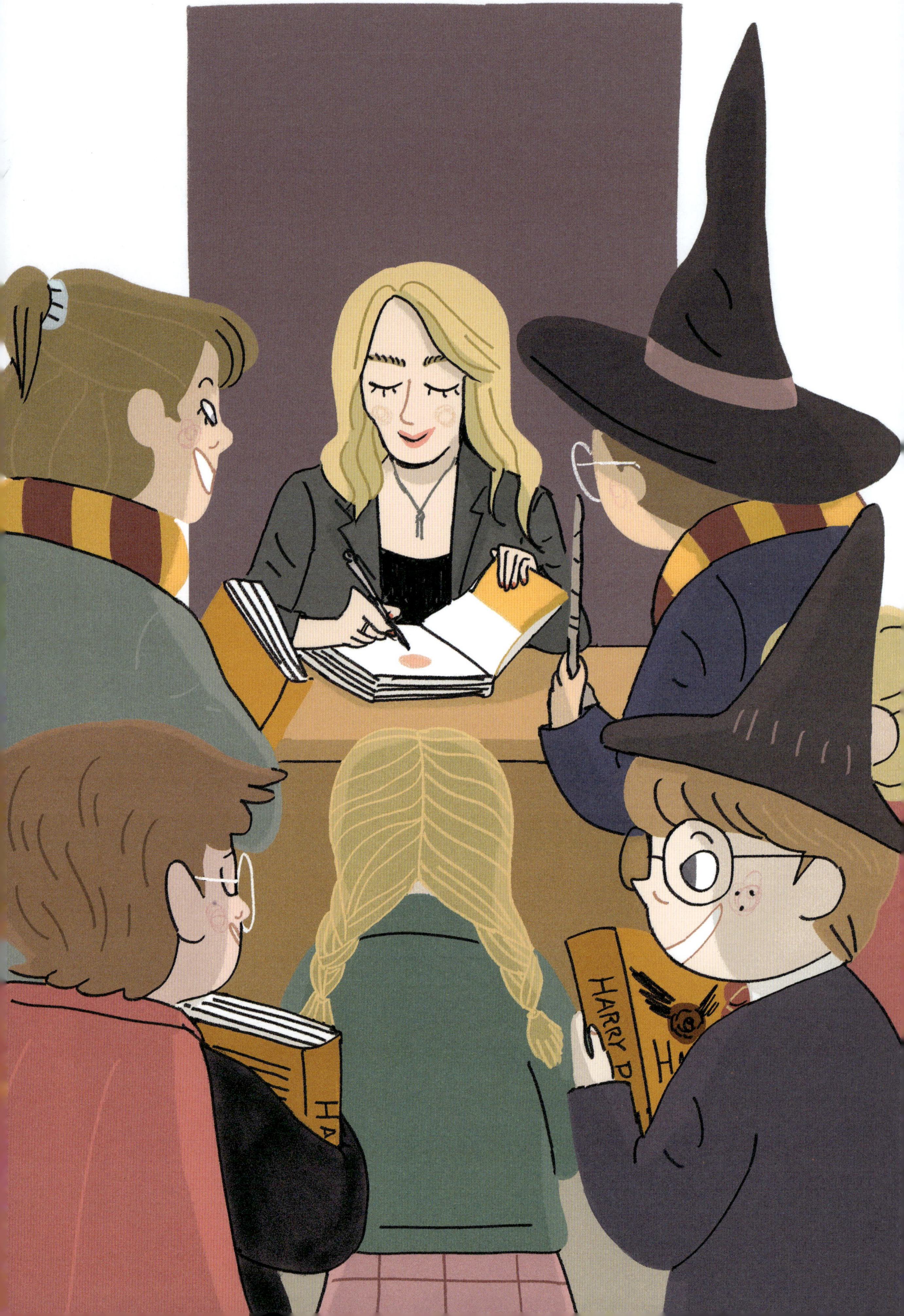
HARRY P

Jo envió su novela a doce editoriales, pero ninguna se interesó en publicarla. Sí, parecía que en su vida las cosas estaban destinadas a no tener nunca un final feliz. Tuvo que esperar dos años antes de que finalmente un editor cambiara de idea. *Harry Potter y la piedra filosofal* apareció en las librerías de toda Inglaterra y fue un éxito clamoroso. La novela entusiasmó a adultos y niños, se hicieron muchas reediciones, porque parecía que nunca había suficientes ejemplares en las estanterías. Joanne siguió adelante y escribió otros siete libros más, trabajando en ellos durante unos diecisiete años. Se convirtió en J.K. Rowling, la escritora más exitosa del siglo, y vendió millones de ejemplares. Sus libros fueron traducidos a decenas de lenguas, inspiraron películas y entusiasmaron a millones de lectores en todo el mundo. Cada vez que una nueva entrega llegaba a las librerías, miles de personas corrían a comprarla. Joanne ya no tuvo que preocuparse nunca más por llegar a fin de mes. Y, lo más importante, había logrado trabajar en aquello que deseaba desde que era una niña.

ÍNDICE

- 4 **Amelia Earhart**
  Sin miedo a volar
- 12 **Lady Diana Spencer**
  La princesa triste
- 22 **Artemisia Gentileschi**
  Sola contra todos
- 30 **Malala**
  El país sin escuela
- 38 **Helen Keller**
  En una prisión de oscuridad y silencio
- 46 **Ella Fitzgerald**
  Nada como la música
- 56 **Isabel de Castilla**
  La reina que soñó con un nuevo país
- 64 **Frida Kahlo**
  Pintora en el espejo
- 70 **Maria Montessori**
  El mundo al alcance de los niños
- 76 **Tina Anselmi**
  La joven que pedaleaba
- 84 **Wangari Muta Maathai**
  La mujer que plantaba árboles
- 92 **Cleopatra**
  La «divina» de Egipto
- 98 **Rita Levi Montalcini**
  El laboratorio en el dormitorio
- 106 **Juana de Arco**
  La guía de los soldados
- 114 **Valentina Tereshkova**
  De la fábrica al cielo
- 122 **Emmeline Pankhurst**
  Nuestros derechos
- 130 **Margaret Moth**
  La verdad antes que nada
- 138 **Shih Ching**
  El terror de los mares
- 144 **Marie Curie**
  Un gran amor por la ciencia
- 152 **Calamity Jane**
  La muchacha del Oeste
- 158 **Bebe Vio**
  La victoria más bonita
- 166 **Inge Feltrinelli**
  La reportera gráfica y el escritor
- 174 **Rosa Parks**
  Negro y blanco
- 184 **J. K. Rowling**
  Un libro para cambiar la vida

LAS HISTORIAS MÁS BELLAS DE MUJERES VALIENTES

Título original: Le più belle storie di donne coraggiose
Texto: Valentina Camerini
Ilustraciones: Veronica Carratello
Traducción: Xavier Solsona
Adaptación y compaginación: La Letra S.L.

Redazione Gribaudo
Via Garofoli, 266
37057 San Giovanni Lupatoto (VR)
redazione@gribaudo.it

Responsable de iniciativas especiales: Massimo Pellegrino
Responsable de producción: Franco Busti
Responsable de redacción: Laura Rapelli
Responsable gráfico: Meri Salvadori
Fotolito y preimpresión: Federico Cavallon, Fabio Compri
Secretaria de redacción: Emanuela Costantini

Impresión y encuadernación: Grafiche Busti srl, Colognola ai Colli (VR), empresa certificada FSC®-COC con código CQ-COC-000104

© 2019 GRIBAUDO - IF - Idee editoriali Feltrinelli srl
Socio Único Giangiacomo Feltrinelli Editore srl
Via Andegari, 6 - 20121 Milán
info@gribaudo.it - www.gribaudo.it

Primera edición: septiembre de 2019
ISBN: 978-84-17127-47-3

Todos los derechos reservados, en Italia y en el extranjero, para todos los países. Ninguna parte de este libro puede ser reproducida, memorizada o transmitida con cualquier medio y en cualquier forma (fotomecánica, fotocopia, electrónica, química, sobre disco u otros, incluidos cine, radio y televisión) sin la autorización escrita del Editor. En cada caso de reproducción abusiva se procederá de oficio según la ley. Toda referencia a personas, cosas o empresas tiene como única finalidad la de ayudar al lector en la memorización.